广州童年美术 编制

儿童必备英文词典

CHILDREN'S ENGLISH DICTIONARY

希望诺一能够喜欢这本书，愿这本书把你带进美妙的英语世界。祝小都都不仅美丽，还充满智慧。新年快乐！

湖南少年儿童出版社
HUNAN JUVENILE & CHILDREN'S PUBLISHING HOUSE

爱你的大姨妈。宋玉

2009.12.31

前言

《儿童必备英文词典》是一本专门针对儿童而编写的英汉图解英文词典。它简单易懂、通俗明了，让孩子既能掌握基本的英文单词，又能获得学习英语的乐趣。

要掌握一门语言，必须具备一定的词汇量。因此，孩子在学习英语的初级阶段，就要学习一些最基本的单词。《儿童必备英文词典》共收录一千多个词条，除了学龄儿童应该掌握的一些生活基本词汇外，我们还根据儿童的兴趣增收了一些单词，有孩子喜欢的动物，如斑马、猴子、鹿和奶牛等；以及一些日常生活事物的名称，包括日期、交通工具、电子产品和食物等；有些则是儿童从电视或书本上看到的单词，如机器人、太空等。在每个单词下面，均附有词性、词义和例句。某些常用的名词，还附有复数形式。这样，儿童对单词的不同形式、不同用法就会有更强的辨别能力。另外，所有单词均以国际音标注明正确的读音，以便老师和家长进行辅导。简明扼要的释义、英汉对照的例句，能使孩子对单词有更深的了解。为了让孩子查找更便捷，本词典按照26个英文字母的顺序进行排列，每个字母开篇都设有重点掌握的词汇，一目了然。除此之外，每个单词均附有精美的插图，帮助孩子更好地理解词义，提高孩子的学习兴趣。

本词典是有声读物，可以配合易读宝使用。地道的英语发音，标准的普通话发音，使孩子不但能享受词典带来的听觉享受，更能在熟悉单词的背景下，加深对单词的印象。总的来说，整本词典都根据儿童各方面的需要而设，让孩子能得到更好的学习效果，从而巩固英语基础。

孩子们，希望你在翻阅这本词典时，会走进一个充满快乐的英语世界。

A a

after

a

[ə]

yí gè zhī zhāng
art. 一个（只；张……）

例句

I am a girl.
我是一个女孩。

able

['eibl]

néng gàn de néng gòu de
adj. 能干的；能够的

例句

He is a very able man.
他是一个很能干的人。

about

[ə'baut]

guān yú zài fù jìn
prep. 关于；在附近

dà yuē fù jìn
adv. 大约；附近

例句

I am reading a book about UFO.
我正在读一本关于飞碟的书。

act

[ækt]

xíng dòng biǎo yǎn
v. 行动；表演

衍生词

action

xíng dòng dòng zuò
n. 行动；动作

例句

Think before you act.
想好了再做（三思而后行）。

address

[ə'dres]

dì zhǐ　zhì cí
n. 地址；致辞

xiàng　zhì cí
v. 向……致辞

例句

Please send it to my home address.
请按我的家庭地址把它寄来。

afraid

[ə'freid]

hài pà de　dān xīn de
adj. 害怕的；担心的

例句

She is afraid of mice.
她怕老鼠。

after

['ɑːftə]

zài　zhī hòu
prep. 在……之后；

zài　hòu miàn
在……后面

衍生词

afternoon

wǔ hòu　xià wǔ
n. 午后，下午

例句

Shut the door after you,please.
请随手关门。

again

[ə'gein]

zài yí cì　yòu
adv. 再一次；又

例句

Nice to see you again.
很高兴又见到你。

age

[eidʒ]

n. 年龄（nián líng）；时代（shí dài）

例句

What is his age?
他多大岁数了？

air

[ɛə]

n. 空气（kōng qì）；天空（tiān kōng）

衍生词
airport
n. 机场（jī chǎng）

例句

Please open the window to let fresh air in.
请打开窗让新鲜空气进来。

all

[ɔːl]

adj. 全部的（quán bù de）；所有的（suǒ yǒu de）

adv. 完全（wán quán）

例句

All are here.
所有的人都在这里了。

almost

[ˈɔːlməust]

adv. 几乎（jī hū）；差不多（chà bu duō）

例句

He is almost late.
他差点就迟到了。

along

[ə'lɔŋ]

adv. 一道（yí dào）；一起（yì qǐ）

prep. 顺着（shùn zhe）；沿着（yán zhe）

例句

Come along with me.
跟我来。

already

[ɔːl'redi]

adv. 已经（yǐ jīng）

例句

The seat is already taken.
这个座位已经有人了。

also

['ɔːlsəu]

adv. 也（yě）；同样（tóng yàng）

例句

We are also happy to see you.
我们也很高兴见到你。

always

['ɔːlweiz]

adv. 总是（zǒng shì）；永远（yǒng yuǎn）；始终（shǐ zhōng）

例句

Miss Li always wears a smile.
李老师总是面带微笑。

am

[æm]

shì　zài
prep. 是；在

例句

I am from China.
我来自中国。

America

[ə'merikə]

měi guó　měi zhōu
n. 美国；美洲

衍生词

American
měi guó rén
n. 美国人
měi guó de
adj. 美国的

例句

Have you been to America?
你去过美国吗?

an

[æn]

yí gè　zhī　zhāng
art. 一个（只；张……）

例句

This is an apple.
这是一个苹果。

and

[ænd]

tóng　hé
conj. 同；和

例句

My brother and I go to school together.
我和哥哥一起上学。

angry

['æŋgri]

adj. 生气的；愤怒的 (shēng qì de; fèn nù de)

例句

The woman is angry at her son.
那个女人在对她的儿子生气。

animal

['æniml]

n. 动物 (dòng wù)

例句

My favourite animal is turtle.
我最喜爱的动物是乌龟。

answer

['ɑːnsə]

n. 答案 (dá àn)　v. 回答；答复 (huí dá; dá fù)

例句

How do you answer this question?
你怎样回答这个问题?

ant

[ænt]

n. 蚂蚁 (mǎ yǐ)

例句

Ants are fond of sweet food.
蚂蚁喜欢甜的食物。

any

['eni]

adj. 任何的（rèn hé de）；所有的（suǒ yǒu de）

pron. 任何（rèn hé）

例句

Any other questions?

还有其他问题吗？

apple

['æpl]

n. 苹果（píng guǒ）

例句

An apple a day keeps the doctor away.

一天一苹果，医生远离我。

April

['eiprəl]

n. 四月（sì yuè）

例句

April 1st is April Fool's Day.

4月1日是愚人节。

are

[ɑː]

v. 是（shì）；在（zài）

例句

You are a good child.

你是一个好孩子。

area

['ɛəriə]

dì qū miàn jī

n. 地区；面积

例句

I don't know about this area.

我对这个地区不了解。

arm

[ɑːm]

shǒu bì wǔ qì tí gōng

n. 手臂；武器 v. 提供

例句

He broke his arm.

他弄伤了他的胳膊。

arrive

[ə'raiv]

dào dá dǐ dá

v. 到达，抵达

例句

We arrived at the airport on time.

我们准时到达了机场。

art

[ɑːt]

yì shù měi shù

n. 艺术；美术

例句

Lily is an art student.

莉莉是一名学艺术的学生。

B C D E F G H I J K L M N O P Q R S T U V W X Y Z

ask

[ɑːsk]

xún wèn wèn yāo qiú
v. 询问；问；要求

例句

May I ask you a question?
我可以问你一个问题吗？

asleep

[əˈsliːp]

shuì zháo de shuì shú de
adj. 睡着的；睡熟的

例句

The little boy fell asleep.
那个小男孩睡着了。

at

[æt]

zài yú xiàng
prep. 在；于；向

例句

My mum is at home.
我妈妈在家。

August

[ˈɔːgəst]

bā yuè
n. 八月

例句

August 15th is her birthday.
8 月 15 日是她的生日。

aunt

[ɑːnt]

n. 姑妈（gū mā）；伯母（bó mǔ）；舅妈（jiù mā）；阿姨（ā yí）

例句

My aunt is pretty.
我阿姨很漂亮。

Australia

[ɔs'treiljə]

n. 澳大利亚（ào dà lì yà）

衍生词

Australian

n. 澳大利亚人（ào dà lì yà rén）

adj. 澳大利亚的（ào dà lì yà de）

例句

Sydney is in Australia.
悉尼在澳大利亚。

autumn

['ɔːtəm]

n. 秋天（qiū tiān）

例句

Autumn is warmer than winter.
秋天比冬天暖和。

away

[ə'wei]

adv. 离去（lí qù）；到远处（dào yuǎn chù）

例句

Keep away from the fire.
离火远点。

B b

baby

baby

['beibi]

yīng hái
n. 婴孩

例句

The baby is crying.
这个婴儿在哭。

back

[bæk]

bèi bù hòu miàn hòu tuì
n. 背部；后面 v. 后退

hòu miàn de
adj. 后面的

例句

He was back at 7:30 last night.
他昨晚七点半回来的。

bad

[bæd]

yǒu hài de huài de
adj. 有害的；坏的

例句

The bread is bad.
面包坏了。

bag

[bæg]

dài zi
n. 袋子

例句

The bag is broken.
这个袋子破了。

ball

[bɔːl]

qiú wǔ huì
n. 球；舞会

例句

The cat is playing with a ball.
小猫正在玩球。

ballet

[ˈbælei]

bā lěi wǔ bā lěi wǔ jù
n. 芭蕾舞；芭蕾舞剧；

bā lěi wǔ yuè qǔ
芭蕾舞乐曲

例句

I want to take ballet lessons.
我想上芭蕾舞课。

balloon

[bəˈluːn]

qì qiú
n. 气球

例句

The dog is chasing a balloon.
狗正追着一个气球。

bamboo

[bæmˈbuː]

zhú zi
n. 竹子

例句

Bamboos are green.
竹子是绿色的。

banana

[bəˈnɑːnə]

n. 香蕉 (xiāng jiāo)

例句

Monkeys like eating bananas.
猴子喜欢吃香蕉。

band

[bænd]

n. 乐队 (yuè duì) v. 联合 (lián hé)

例句

She plays the guitar in the school band.
她在学校乐队里弹吉他。

bank

[bæŋk]

n. 银行 (yín háng)；岸 (àn)

例句

She works at the bank.
她在银行上班。

barber

[ˈbɑːbə]

n. 理发师 (lǐ fà shī)

例句

My cousin is a famous barber.
我的表哥是一个有名的理发师。

baseball

['beisbɔːl]

bàng qiú

n. 棒球

例句

I don't like baseball.

我不喜欢棒球。

basket

['bɑːskit]

lán zi

n. 篮子

例句

There are many things in the basket.

篮子里有很多东西。

basketball

['bɑːskitbɔːl]

lán qiú

n. 篮球

例句

He is good at playing basketball.

他的篮球打得很好。

bat

[bæt]

biān fú　qiú bàng

n. 蝙蝠；球棒

例句

Bats fly at night.

蝙蝠在夜间飞行。

bath

[bɑːθ]

mù yù yù shì
n. 沐浴；浴室

衍生词
bathroom
yù shì xǐ shǒu jiān
n. 浴室；洗手间

例句

The bath is ready.
洗澡水准备好了。

beach

[biːtʃ]

hǎi tān
n. 海滩

例句

The house is near the beach.
房子在海滩的附近。

bean

[biːn]

dòu
n. 豆

例句

Grandma cooked some red bean soup.
奶奶煮了些红豆汤。

bear

[bɛə]

xióng
n. 熊

rěn shòu róng rěn
v. 忍受，容忍

例句

That is a large and heavy bear.
那是一只又大又笨重的熊。

beautiful

['bju:tifl]

adj. 美丽的（měi lì de）；漂亮的（piào liang de）

例句

What a beautiful flower!

多美的一朵花啊！

because

[bi'kɔz]

conj. 因为（yīn wèi）

例句

We can't play basketball because it is raining.

因为正在下雨，所以我们不能打篮球。

bed

[bed]

n. 床（chuáng）

衍生词

bedroom

n. 卧室（wò shì）

例句

What time do you go to bed?

你什么时候睡觉？

bee

[bi:]

n. 蜜蜂（mì fēng）

例句

The bee makes honey.

蜜蜂酿蜜。

beef

[bi:f]

n. 牛肉 (niú ròu)

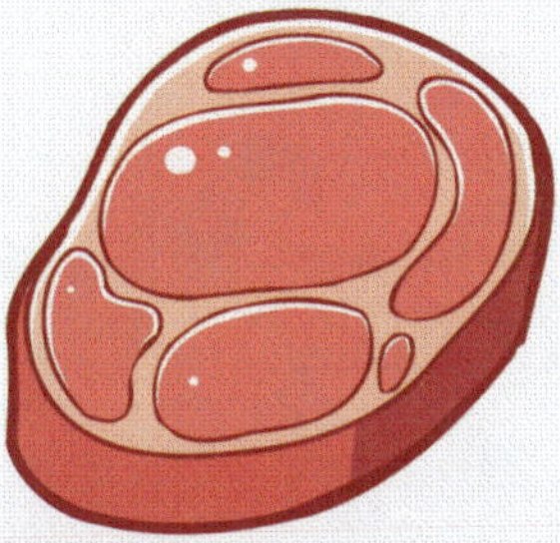

例句

I would like a beef steak.
我想要一份牛排。

begin

[bi'gin]

v. 开始 (kāi shǐ)

例句

Classes begin at eight o'clock.
八点钟开始上课。

behind

[bi'haind]

prep. 在……之后 (zài … zhī hòu)

例句

There is a tree behind the house.
在屋子的后面有一棵树。

bell

[bel]

n. 铃；钟 (líng; zhōng)

例句

The bell rang.
A little boy opened the door.
门铃响了，一个小男孩打开门。

belt

[belt]

yāo dài pí dài
n. 腰带；皮带

例句

Please fasten the seat belt.
请系好安全带。

beside

[bi'said]

zài páng biān hé bǐ jiào
prep. 在旁边；和……比较

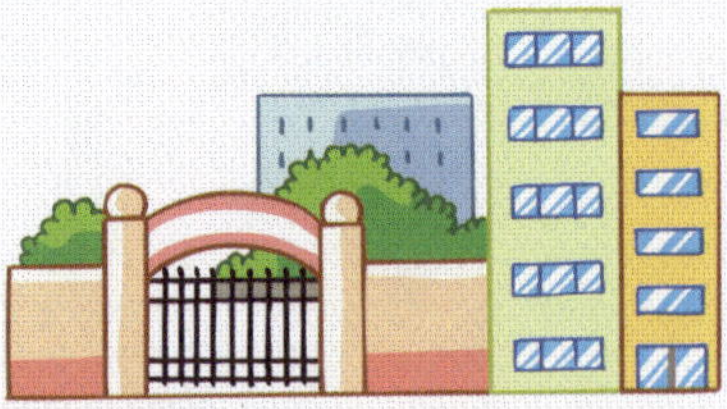

例句

The building beside the park is our school.
在公园旁边的建筑物就是我们学校。

between

[bi'twiːn]

zài zhī jiān
prep. 在……之间

例句

I sat between them.
我坐在他们中间。

bicycle

['baisikl]

jiǎo tà chē zì xíng chē
n. 脚踏车；自行车

近义词

bike
[baik]
zì xíng chē
n. 自行车

例句

Can you ride a bicycle?
你会骑自行车吗？

big

[big]

dà de zhòng yào de
adj. 大的；重要的

例句

The little boy wears a big cap.
小男孩戴着一顶大帽子。

bird

[bəːd]

niǎo
n. 鸟

例句

Kill two birds with one stone.
一石二鸟。

birthday

['bəːθdei]

shēng rì
n. 生日

例句

When is your birthday?
你的生日是什么时候？

biscuit

['biskit]

bǐng gān xiǎo diǎn xin
n. 饼干；小点心

例句

Would you like some biscuits?
你要一点饼干吗？

A B C D E F G H I J K L M N O P Q R S T U V W X Y Z

bite

[bait]

yǎo
n.&v. 咬

例句

Be careful, the dog may bite you.
小心，那只狗可能会咬你。

black

[blæk]

hēi sè
n. 黑色

hēi sè de
adj. 黑色的

衍生词
blackboard
hēi bǎn
n. 黑板

例句

The woman in black dress is my aunt.
那个穿黑色裙子的女人是我阿姨。

block

[blɔk]

mù kuài jiē qū
n. 木块；街区

fáng ài zǔ sè
v. 妨碍；阻塞

例句

The children are playing with blocks.
孩子们正在玩积木。

blood

[blʌd]

xuè xuè yè
n. 血；血液

例句

What is your blood type?
你是什么血型？

blouse

[blauz]

n. 女衬衣 (nǚ chèn yī)

例句

This blouse fits you.
这件衬衣你穿着合身。

blue

[bluː]

n. 蓝色 (lán sè)　adj. 蓝色的 (lán sè de)

例句

The sky is blue.
天空是蔚蓝色的。

boat

[bəut]

n. 小船 (xiǎo chuán)；艇 (tǐng)　v. 划船 (huá chuán)

例句

They are rowing a boat.
他们正在划船。

body

[ˈbɔdi]

n. 身体 (shēn tǐ)

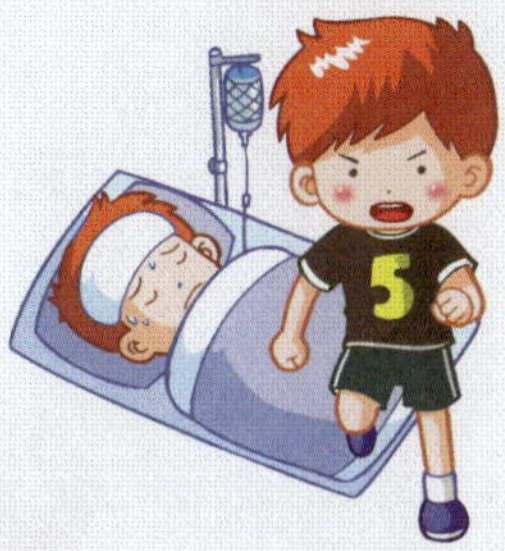

例句

Take exercise to make your body strong.
体育锻炼能使你身体强壮。

bone

[bəun]

n. 骨头 (gǔ tou)

例句

The old man is all skin and bone.
那个老人瘦骨如柴。

book

[buk]

n. 书，书籍 (shū, shū jí) v. 登记 (dēng jì)

例句

She is reading a story book.
她正在看故事书。

boot

[buːt]

n. 靴子 (xuē zi)

例句

The girl is in a pair of black boots.
那女孩穿着一双黑色的靴子。

borrow

['bɔrəu]

v. 借；借入 (jiè; jiè rù)

例句

I borrowed a book from the library yesterday.
昨天我从图书馆借了一本书。

boss

[bɔs]

n. 老板(lǎo bǎn)；上司(shàng si)

例句

My boss is very nice.
我的老板非常和蔼。

both

[bəuθ]

pron. 双方(shuāng fāng)；两者(liǎng zhě)

adj. 两者的(liǎng zhě de)；双方的(shuāng fāng de)

例句

She is good at both singing and dancing.
她能歌善舞。

bottle

['bɔtl]

n. 瓶子(píng zi)

例句

I want a bottle of orange juice.
我想要一瓶橙汁。

bottom

['bɔtəm]

n. 底部(dǐ bù)　adj. 底部的(dǐ bù de)

例句

There is a frog sitting at the bottom of the well.
有一只青蛙坐在井底。

bowl

[bəul]

n. 碗 (wǎn)

例句

The boy ate five bowls of rice.
那个男孩吃了五碗饭。

box

[bɔks]

n. 盒子 (hé zi)；箱子 (xiāng zi)

例句

Here is a mail box.
这是一个邮箱。

boy

[bɔi]

n. 男孩 (nán hái)

例句

How many boys are there in your class?
你们班有多少个男孩？

bread

[bred]

n. 面包 (miàn bāo)

例句

Do you have milk and bread for breakfast?
你早餐吃了面包和牛奶吗？

break

[breik]

n. 休息（xiū xi）　v. 打破（dǎ pò）

例句

Let's take a break.

我们休息一会儿吧。

breakfast

['brekfəst]

n. 早餐（zǎo cān）

例句

My mother makes breakfast for me every day.

我妈妈每天都为我做早餐。

bridge

[bridʒ]

n. 桥（qiáo）

例句

He is walking on the bridge.

他正在桥上走。

bright

[brait]

adj. 明亮的（míng liàng de）；聪明的（cōng míng de）

例句

Her eyes are big and bright.

她的眼睛又大又亮。

bring

[briŋ]

ná lái dài lái
v. 拿来；带来

例句

Bring me the book, please.
请把那本书带给我。

Britain

[ˈbritən]

yīng guó
n. 英国

衍生词
British
n. 英国人 (yīng guó rén)
adj. 英国的 (yīng guó de)

例句

The Big Ben is in Britain.
大笨钟在英国。

brother

[ˈbrʌðə]

xiōng dì
n. 兄弟

例句

Jim is my brother.
吉姆是我的兄弟。

brown

[braun]

hè sè hè sè de
n. 褐色 adj. 褐色的

例句

Her hair is brown.
她的头发是褐色的。

brush

[brʌʃ]

shuā zi / shuā

n. 刷子　v. 刷

例句

Brush your hair.
梳梳头吧。

bus

[bʌs]

gōng gòng qì chē

n. 公共汽车

例句

Let's go by bus.
让我们乘公共汽车去。

busy

['bizi]

máng lù de　rè nao de

adj. 忙碌的；热闹的

例句

Hong Kong is a busy city.
香港是一个热闹的城市。

but

[bʌt]

ér shì　dàn shì

conj. 而是，但是

chú　yǐ wài

prep. 除……以外

例句

He is not tall but very strong.
他不高但很强壮。

butter

['bʌtə]

huáng yóu niú yóu

n. 黄油；牛油

例句

I want some butter.

我想要一些黄油。

butterfly

['bʌtəflai]

hú dié

n. 蝴蝶

例句

Look, there is a butterfly on the rose.

看，玫瑰上面有一只蝴蝶。

buy

[bai]

mǎi mài mǎi

n. 买卖 v. 买

例句

I went to buy some apples.

我去买了一些苹果。

by

[bai]

zài fù jìn tōng guò yòng

prep. 在附近；通过；用

tōng guò jīng guò

adv. 通过；经过

例句

We go to school by bus every day.

我们每天乘公共汽车上学。

C c

cake

A B C D E F G H I J K L M N O P Q R S T U V W X Y Z

cabbage

['kæbidʒ]

juǎn xīn cài

n. 卷心菜

例句

Cabbage is my favourite vegetable.

卷心菜是我最喜欢的蔬菜。

cage

[keidʒ]

lóng zi

n. 笼子

例句

My grandfather keeps the bird in the cage.

我爷爷把小鸟关在笼子里。

cake

[keik]

dàn gāo bǐng

n. 蛋糕；饼

例句

The baker is making a birthday cake.

面包师傅正在做生日蛋糕。

calendar

['kælində]

rì lì lì fǎ

n. 日历；历法

例句

This is a wall calendar.

这是一个挂历。

call

[kɔːl]

tōng huà
n. 通话

chēng hu　dǎ diàn huà
v. 称呼；打电话

例句

Call a doctor!
找医生来！

camel

[ˈkæməl]

luò tuo
n. 骆驼

例句

Have you ever ridden a camel?
你有骑过骆驼吗？

camera

[ˈkæmərə]

zhào xiàng jī
n. 照相机

例句

Remember to take the camera.
记得带照相机。

camp

[kæmp]

lù yíng dì　zhèn yíng
n. 露营地；阵营

lù yíng　zhā yíng
v. 露营；扎营

例句

Let's go camping.
让我们去露营吧。

can

[kæn]

guàn tou　tiě guàn
n. 罐头；铁罐

néng　kě yǐ
v. 能；可以

例句

I think I can climb up the tree.
我想我可以爬上这棵树。

Canada

['kænədə]

jiā ná dà
n. 加拿大

衍生词

Canadian

jiā ná dà rén
n. 加拿大人

jiā ná dà de
adj. 加拿大的

例句

My aunt lives in Canada.
我的阿姨住在加拿大。

candle

['kændl]

là zhú
n. 蜡烛

例句

Light the birthday candles, please.
请点燃生日蜡烛。

candy

['kændi]

táng guǒ　bīng táng
n. 糖果；冰糖

例句

The candy tastes of lemon.
这种糖果有柠檬的味道。

cap

[kæp]

mào zi
n. 帽子

例句

Your cap looks very cute.
你的帽子看上去很可爱哟。

capital

['kæpitl]

shǒu dū　dà xiě zì mǔ
n. 首都；大写字母

zhòng yào de
adj. 重要的

例句

This is the capital letter A.
这是大写字母 A。

car

[kaː]

qì chē
n. 汽车

例句

The boss got a new car.
老板买了一辆新车。

card

[kaːd]

zhǐ pái　kǎ piàn
n. 纸牌；卡片

例句

They are playing cards.
他们正在玩纸牌。

care

[kɛə]

n. 注意（zhù yì）；照料（zhào liào）

v. 关心（guān xīn）；照顾（zhào gù）

衍生词

careful

adj. 小心的（xiǎo xīn de）；仔细的（zǐ xì de）

例句

Take good care of yourself.

把自己照顾好。

carrot

['kærət]

n. 胡萝卜（hú luó bo）

例句

Rabbits are very fond of carrots.

兔子很喜欢胡萝卜。

carry

['kæri]

v. 携带（xié dài）；运送（yùn sòng）

例句

Could you help me carry this bag?

你能帮我拿这个包吗？

cartoon

[kɑː'tuːn]

n. 卡通片（kǎ tōng piān）；动画片（dòng huà piān）

例句

We saw a cartoon.

我们看了一部动画片。

case

[keis]

xiāng zi　hé zi　àn lì
n. 箱子；盒子；案例

例句

Your pencil case is over there.
你的铅笔盒在那边。

cat

[kæt]

māo
n. 猫

例句

I have a fat cat.
我有一只肥猫。

catch

[kætʃ]

bǔ huò　gǎn shàng　chē　chuán děng
v. 捕获；赶上(车、船等)

例句

Catch the man. He is a thief!
抓住那个男人！他是贼！

cave

[keiv]

dòng xué　yáo dòng
n. 洞穴；窑洞

例句

Look, here is a big cave.
看，这里有一个大洞。

center

['sentə]

zhōng xīn zhōng yāng

n. 中心；中央

例句

I am in the shopping center.

我正在购物中心。

certainly

['səːtənli]

dāng rán yí dìng

adv. 当然；一定

例句

"May I use your ruler?" "Certainly."

“我可以用你的尺子吗？”

“当然可以。”

chair

[tʃεə]

yǐ zi

n. 椅子

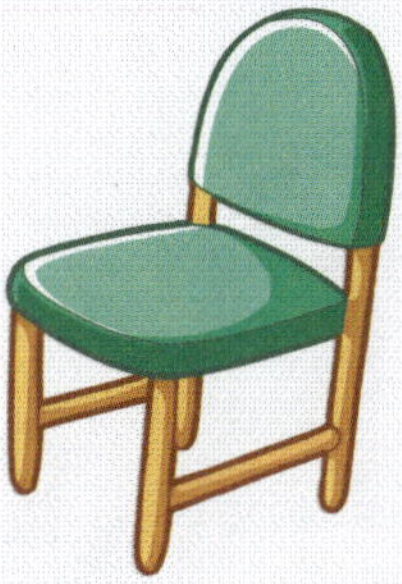

例句

The chair was fixed.

椅子被修好了。

chalk

[tʃɔːk]

fěn bǐ

n. 粉笔

例句

Give me a piece of chalk.

给我一支粉笔。

chance

[tʃɑːns]

jī huì　yùn qi

n. 机会；运气

例句

We have no chance of winning the game.

我们没有希望赢这场比赛了。

change

[tʃeindʒ]

biàn huà　líng qián

n. 变化；零钱

gǎi biàn　duì huàn

v. 改变；兑换

例句

I won't change my mind.

我不会改变我的主意。

cheap

[tʃiːp]

pián yí de　bù zhí qián de

adj. 便宜的；不值钱的

例句

Good things are not cheap.

好货都不便宜。

check

[tʃek]

zhī piào　jiǎn chá

n. 支票　v. 检查

例句

Did you check the lock?

你检查过锁吗?

A B C D E F G H I J K L M N O P Q R S T U V W X Y Z

cheese

[tʃiːz]

n. gān lào 干酪；nǎi lào 奶酪

例句

The cheese looks delicious.
奶酪看起来很好吃。

cherry

['tʃeri]

n. yīng táo 樱桃；yīng táo shù 樱桃树

例句

These cherries taste sour.
这些樱桃是酸的。

chest

[tʃest]

n. xiōng táng 胸膛

例句

The ball hit Jack on the chest.
球打在杰克的胸膛上。

chick

[tʃik]

n. xiǎo jī 小鸡

衍生词

chicken

n. xiǎo jī 小鸡；jī ròu 鸡肉

例句

My grandma keeps many chicks.
我奶奶养了很多小鸡。

child

[tʃaild]

n. 孩子 (hái zi)

children（复数形式）

例句

Mr. Green has two children.
格林先生有两个孩子。

China

['tʃainə]

n. 中国 (zhōng guó)

衍生词

Chinese

n. 中国人 (zhōng guó rén)；中文 (zhōng wén)

adj. 中国的 (zhōng guó de)

例句

The dress is very popular in China.
这种裙子在中国很流行。

chocolate

['tʃɔkələt]

n. 巧克力 (qiǎo kè lì)

例句

Don't eat too much chocolate.
别吃太多巧克力。

chopsticks

['tʃɔpstiks]

n. 筷子 (kuài zi)

例句

The foreigner can use chopsticks very well.
那个外国人用筷子用得非常好。

A B C D E F G H I J K L M N O P Q R S T U V W X Y Z

Christmas

['krisməs]

n. 圣诞节 (shèng dàn jié)

例句

Merry Christmas!
圣诞快乐！

church

[tʃəːtʃ]

n. 教堂 (jiào táng)

例句

Helen goes to church every Sunday.
海伦每个星期天都去教堂。

circle

['səːkl]

n. 圆周；圆形 (yuán zhōu; yuán xíng)

例句

I bought an exercise circle.
我买了一个健身圈。

circus

['səːkəs]

n. 马戏团 (mǎ xì tuán)

例句

The circus is great.
这场马戏表演真了不起。

city

['siti]

n. 城市；都市 (chéng shì; dū shì)

例句

Is Shanghai one of the biggest cities in China?

上海是中国最大的城市之一吗？

clap

[klæp]

v. 拍手 (pāi shǒu)

例句

The kids are clapping their hands.

小朋友们正拍着手。

class

[klaːs]

n. 班级；班 (bān jí; bān)

衍生词

classmate

n. 同班同学 (tóng bān tóng xué)

classroom

n. 教室 (jiào shì)

例句

My sister is in Class Three.

我妹妹在三班。

clean

[kliːn]

adj. 清洁的 (qīng jié de)

v. 清洁；（使）干净 (qīng jié; shǐ gān jìng)

例句

You should clean your hands before dinner.

你吃饭前应该先洗手。

clear

[kliə]

qīng chu de qīng xī de
adj. 清楚的；清晰的

例句

Are you clear?
你明白了吗?

climb

[klaim]

pān dēng pá
v. 攀登；爬

例句

The monkey is climbing the tree.
那猴子正在爬树。

clock

[klɔk]

shí zhōng
n. 时钟

例句

I set the alarm clock for 7:30 a.m.
我把闹钟调到早晨七点半。

close

[kləuz]

guān bì jié shù
v. 关闭；结束

例句

Close your eyes.
闭上你的眼睛。

clothes

[kləuðz]

yī fu

n. 衣服（总称）

例句

Put on your clothes, please.

请穿上衣服。

cloud

[klaud]

yún

n. 云

例句

There are white clouds in the sky.

天空中飘着白云。

club

[klʌb]

jù lè bù

n. 俱乐部

例句

My father is a member of a golf club.

我爸爸是高尔夫俱乐部的成员。

coat

[kəut]

wài tào dà yī

n. 外套；大衣

例句

I bought a new coat.

我买了一件新外套。

coffee

['kɔfi]

n. 咖啡 (kā fēi)

例句

Would you like coffee or tea?

你想要咖啡还是茶?

coin

[kɔin]

n. 硬币 (yìng bì)

例句

Every coin has two sides.

每个硬币有两面。

cold

[kəuld]

n. 寒冷 (hán lěng)；感冒 (gǎn mào)

adj. 寒冷的 (hán lěng de)

例句

I feel cold.

我觉得冷。

collect

[kə'lekt]

v. 收集 (shōu jí)；聚集 (jù jí)

例句

My brother collects stamps.

我的兄弟收集邮票。

college

['kɔlidʒ]

n. 学院；大学 (xué yuàn; dà xué)

例句

My sister studies in college.
我的姐姐在大学念书。

colour

['kʌlə]

n. 颜色 (yán sè)

v. 把……涂颜色 (bǎ … tú yán sè)

例句

What colour do you prefer, red or green?
你要什么颜色的，红色还是绿色?

comb

[kəum]

n. 梳子 (shū zi)　v. 梳头 (shū tóu)

例句

The comb is made of wood.
这梳子是木制的。

come

[kʌm]

v. 来（自）(lái zì)

例句

Come in, please.
请进来。

A B C D E F G H I J K L M N O P Q R S T U V W X Y Z

computer

[kəm'pju:tə]

jì suàn jī
n. 计算机

例句

We like computer games.
我们喜欢电脑游戏。

cook

['kuk]

chú shī / pēng tiáo
n. 厨师　v. 烹调

例句

Bill is an expert cook.
比尔是一名出色的厨师。

cookie

['kuki]

tián miàn bāo / xiǎo tián bǐng
n. 甜面包；小甜饼

例句

Do you want some cookies?
你要一些小甜饼吗？

cool

[ku:l]

shǐ lěng / shǐ zhèn dìng
v. （使）冷；（使）镇定

liáng shuǎng de / lěng jìng de
adj. 凉爽的；冷静的

例句

The weather is getting cooler.
天气越来越凉快了。

copy

['kɔpi]

n. 拷贝（kǎo bèi）

v. 复印（fù yìn）；复制（fù zhì）

例句

The painting is a copy.
这幅画是复制品。

corn

[kɔːn]

n. 玉米（yù mǐ）；谷物（gǔ wù）

例句

Popcorn is made of corn.
爆米花是用玉米做成的。

correct

[kə'rekt]

adj. 正确的（zhèng què de）；恰当的（qià dàng de）

v. 改正（gǎi zhèng）；纠正（jiū zhèng）

例句

You are correct.
你是对的。

cost

[kɔst]

n. 价钱（jià qián）　v. 花费（huā fèi）

例句

How much does the shirt cost?
这件衬衫多少钱？

count

[kaunt]

v. 数数 (shǔ shù)

例句

Count from one to one hundred.

从一数到一百。

country

['kʌntri]

n. 国家；乡村 (guó jiā; xiāng cūn)

例句

Which country do you come from?

你来自哪个国家？

cousin

['kʌzn]

n. 堂（表）兄弟姊妹 (táng biǎo xiōng dì zǐ mèi)

例句

Betty is my cousin.

贝蒂是我的表妹。

cow

[kau]

n. 母牛；奶牛 (mǔ niú; nǎi niú)

例句

I saw a cow.

我看见一头奶牛。

crab

[kræb]

n. 螃蟹 (páng xiè)

例句

A crab has eight legs.
一只螃蟹八条腿。

crayon

[ˈkreiən]

n. 蜡笔 (là bǐ)

例句

Colour the picture with crayons.
用蜡笔给图画上色。

cream

[kriːm]

n. 乳酪 (rǔ lào)；奶油 (nǎi yóu)

例句

I want some cream in my coffee.
我的咖啡要加点奶油。

crocodile

[ˈkrɔkədail]

n. 鳄鱼 (è yú)

例句

The crocodile is so big.
那条鳄鱼很大。

cross

[krɔs]

shí zì
n. 十字

jiāo chā　héng guò
v. 交叉；横过

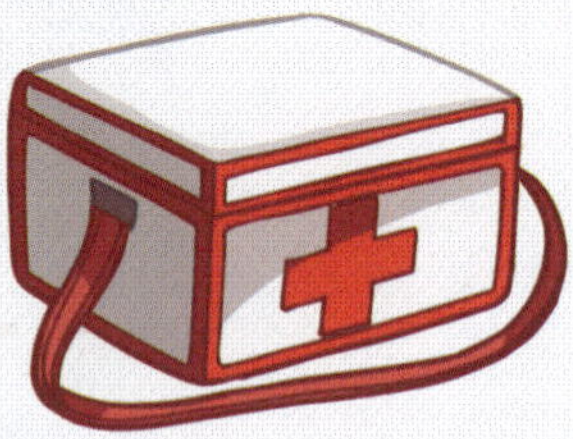

例句

The Red Cross.
红十字会。

cry

[krai]

kū qì　hǎn shēng
n. 哭泣；喊声

kū　hǎn
v. 哭；喊

例句

Don't cry, litte girl.
不要哭了，小女孩。

cucumber

['kju:kʌmbə]

huáng guā
n. 黄瓜

例句

How many cucumbers are there in the basket?
篮子里有多少条黄瓜？

cup

[kʌp]

bēi zi
n. 杯子

例句

You broke the cup.
你把杯子打破了。

cupboard

['kʌbəd]

wǎn guì

n. 碗柜

例句

There is a cupboard over there.

那里有一个碗柜。

curtain

['kə:tən]

chuāng lián

n. 窗帘

例句

The curtain in my bedroom is blue.

我卧室的窗帘是蓝色的。

cut

[kʌt]

qiē jiǎn

v. 切；剪

例句

She had her hair cut.

她让人给她剪了头发。

cute

[kju:t]

kě ài de cōng míng de

adj. 可爱的；聪明的

例句

What a cute little baby!

多可爱的小宝宝啊！

D d

dad

dad

[dæd]

bà ba
n. 爸爸

例句

I love my dad.
我爱我的爸爸。

daily

['deili]

měi tiān de　rì cháng de
adj. 每天的；日常的

měi rì　tiān tiān
adv. 每日；天天

例句

Save water in our daily life.
在我们的日常生活中要节约用水。

dance

['dɑːns]

tiào wǔ
v. 跳舞

例句

Do you like dancing?
你喜欢跳舞吗？

dangerous

['deindʒərəs]

wēi xiǎn de
adj. 危险的

例句

Tigers are dangerous.
老虎是危险的。

A B C D E F G H I J K L M N O P Q R S T U V W X Y Z

dark

[da:k]

hēi àn　　　hēi àn de

n. 黑暗　adj. 黑暗的

例句

We could not see in the dark.

在黑暗中我们看不见东西。

date

[deit]

rì qī　rì zi

n. 日期；日子

例句

What date is it today? It's Sep 1st.

今天是什么日期？是 9 月 1 日。

daughter

['dɔ:tə]

nǚ ér

n. 女儿

例句

Mrs. White has two daughters.

怀特太太有两个女儿。

day

[dei]

tiān

n. 天

例句

We go to school five days a week.

我们一周要去上学五天。

dead

[ded]

sǐ de
adj. 死的

衍生词
death
sǐ wáng
n. 死亡

例句
He was dead asleep.
他睡得很死。

dear

[diə]

qīn ài de áng guì de
adj. 亲爱的；昂贵的

例句
I am writing to my dear friend.
我正在给我亲爱的朋友写信。

December

[di'sembə]

shí èr yuè
n. 十二月

例句
December 31st is the last day of a year.
12 月 31 日是一年里最后的一天。

decide

[di'said]

jué dìng pàn jué
v. 决定；判决

衍生词
decision
jué dìng
n. 决定

例句
Nothing is decided yet.
什么都没有定下来。

deep

[diːp]

shēn de　shēn ào de
adj. 深的；深奥的

shēn rù de
adv. 深入地

例句

How deep is the water?
水有多深?

deer

[diə]

lù
n. 鹿

deer（复数形式）

例句

There is a deer behind the tree.
树后面有一只鹿。

delicious

[di'liʃ əs]

měi wèi de
adj. 美味的

例句

The food is delicious.
这种食物很美味。

desert

['dezət]

shā mò
n. 沙漠

shā mò de　bù máo de
adj. 沙漠的；不毛的

例句

The camel is the ship of the desert.
骆驼是沙漠之舟。

desk

[desk]

shū zhuō　bàn gōng zhuō

n. 书桌；办公桌

例句

My desk is beside the bed.

我的书桌在床的旁边。

develop

[di'veləp]

fā zhǎn　kāi fā　chǎn shēng

v. 发展；开发；产生

例句

The fishing village has developed into a big city.

这个渔村已发展成一个大城市了。

diary

['daiəri]

rì jì

n. 日记

例句

I keep a diary every day.

我每天写日记。

dictionary

['dikʃənəri]

zì diǎn　cí diǎn

n. 字典；词典

例句

You can look up the word in the dictionary.

你可以在词典里查查这个单词。

A B C D E F G H I J K L M N O P Q R S T U V W X Y Z

die

[dai]

sǐ wáng xiāo shì píng xī
v. 死亡；消逝；平息

例句

His fame will never die.
他将永垂不朽。

different

['difrənt]

bù tóng de
adj. 不同的

例句

This book is different from that one.
这本书与那一本不同。

difficult

['difikəlt]

kùn nán de jiān nán de
adj. 困难的；艰难的

例句

It is difficult to climb the mountain.
爬这座山很困难。

dig

[dig]

jué wā zuān yán
v. 掘；挖；钻研

例句

You should dig a hole before planting a tree.
种树前你应该先挖一个洞。

dine

[dain]

v. 用餐（yòng cān）

衍生词

dining room

n. 饭厅（fàn tīng）

例句

He asked me to dine with him.
他邀我一起用餐。

dinner

['dinə]

n. 正餐（zhèng cān）；宴会（yàn huì）

例句

I'm enjoying my dinner.
我正在享用我的大餐。

dinosaur

['dainəsɔː]

n. 恐龙（kǒng lóng）

例句

There were giant dinosaurs once.
这里曾经存在过巨型恐龙。

direct

[di'rekt]

v. 指引（zhǐ yǐn）；指导（zhǐ dǎo）；指挥（zhǐ huī）

adj. 直接的（zhí jiē de）

衍生词

direction

n. 方向（fāng xiàng）；说明（shuō míng）

directly

adv. 直接地（zhí jiē de）

例句

Could you direct me to the bus-stop?
你能告诉我巴士站怎么走吗？

dirty

['dəːti]

āng zāng de bēi bǐ de
adj. 肮脏的；卑鄙的

nòng zāng
v. 弄脏

例句

Your hands are so dirty.
你的手很脏。

do

[duː]

zuò shí xíng kě yòng
v. 做；实行；可用

例句

My mother does the housework.
我妈妈做家务。

doctor

['dɔktə]

yī shēng bó shì
n. 医生；博士

例句

I want to be a doctor when I grow up.
我长大后想做医生。

dog

[dɔg]

gǒu
n. 狗

例句

Many people like to keep dogs.
许多人喜欢养狗。

doll

[dɔl]

n. 洋娃娃 (yáng wá wa)

例句

The little girl looks like a doll.
那个小女孩长得像洋娃娃。

dolphin

[ˈdɔlfin]

n. 海豚 (hǎi tún)

例句

The dolphin can jump very high.
海豚能跳得很高。

donkey

[ˈdɔŋki]

n. 驴子 (lǘ zi)

例句

A donkey has two long ears.
驴子有两只长耳朵。

door

[dɔː]

n. 门；门道 (mén; mén dào)

例句

Open the door, please.
请开门。

double

['dʌbl]

adj. 两倍的 (liǎng bèi de)

例句

Your weight is double what mine is.
你的体重是我的两倍。

dove

['dʌv]

n. 鸽子 (gē zi)

例句

The dove is cooing.
那只鸽子在咕咕叫。

down

[daun]

adj. 向下的 (xiàng xià de)

adv. 向下 (xiàng xià)

例句

Sit down please, everybody.
大家请坐下。

dragon

['drægən]

n. 龙 (lóng)

例句

I am reading a book about dragons.
我正在看一本关于龙的书。

draw

[drɔː]

huà　huì zhì
v. 画；绘制

例句

Can you draw a spaceship?
你会画宇宙飞船吗?

dream

[driːm]

mèng　mèng xiǎng　zuò mèng
n. 梦；梦想　v. 做梦

例句

I dreamed of you last night.
昨晚我梦见你了。

dress

[dres]

nǚ fú　lián yī qún
n. 女服；连衣裙

例句

The lady is in an evening dress.
那女士穿着一套晚礼服。

drink

[driŋk]

yǐn liào　hē
n. 饮料　v. 喝

例句

I want to drink some water.
我想喝点水。

drive

[draiv]

kāi chē
v. 开车

例句

Can you drive?
你会开车吗?

driver

['draivə]

sī jī
n. 司机

例句

The man is a driver.
那人是个司机。

drop

[drɔp]

dī shuǐ zhū luò xià
n. 滴；水珠 v. 落下

例句

An apple dropped down from the tree.
一个苹果从树上掉了下来。

drum

[drʌm]

gǔ jī gǔ
n. 鼓 v. 击鼓

例句

Look,the monkey is playing a drum.
看，那只猴子正在打鼓。

dry

[drai]

adj. 干的 (gān de)　v. (使)干燥 (shǐ gān zào)

例句

The clothes dried quickly.
衣服很快干了。

duck

[dʌk]

n. 鸭子 (yā zi)

例句

I like to eat roast duck.
我喜欢吃烤鸭。

during

[ˈdjuəriŋ]

prep. 在……期间 (zài qī jiān)

例句

He fell asleep during the class.
他在上课的时候睡着了。

duty

[ˈdjuːti]

n. 义务；责任 (yì wù; zé rèn)

例句

Who is on duty today?
今天谁值日？

E e

eat

each

[iːtʃ]

měi yí gè de
adj. 每一个的

gè zì měi gè
pron. 各自；每个

例句

Each child has a present.
每一个小孩都有一份礼物。

eagle

[ˈiːgl]

yīng
n. 鹰

例句

Eagles can fly very high.
鹰能飞得很高。

ear

[iə]

ěr duo
n. 耳朵

例句

Clean your ears, they're too dirty.
清洁一下你的耳朵，它们太脏了。

early

[ˈəːli]

zǎo de zǎo qī de
adj. 早的；早期的

zǎo zǎo de
adv. 早早地

例句

My grandpa gets up very early every day.
我爷爷每天都很早起床。

earn

[ə:n]

v. 赚（zhuàn）；获得（huò de）

例句

He has earned a lot of money by writing.
他通过写作赚了很多钱。

earth

[ə:θ]

n. 地球（dì qiú）；陆地（lù dì）

例句

The earth goes round the sun.
地球围绕太阳转。

east

[i:st]

n. 东方（dōng fāng）　adj. 东方的（dōng fāng de）

例句

Japan is to the east of China.
日本在中国以东。

easy

['i:zi]

adj. 容易的（róng yì de）；轻松的（qīng sōng de）

例句

I thought it is easy to learn English.
我认为学英语很容易。

eat

[i:t]

chī
v. 吃

例句

What would you like to eat?
你喜欢吃什么？

educate

['edju:keit]

jiào yù
v. 教育

衍生词
education
jiào yù
n. 教育

例句

Helen is well educated.
海伦受过良好的教育。

effect

[i'fekt]

jié guǒ　xiào guǒ
n. 结果；效果
zhāo zhì　shí xiàn
v. 招致；实现

例句

The medicine doesn't take effect on my toothache.
这药对我的牙痛没有疗效。

egg

[eg]

dàn　jī dàn
n. 蛋；鸡蛋

例句

I bought ten eggs.
我买了十个鸡蛋。

eight

[eit]

num. 八 (bā)

衍生词

eighteen

num. 十八 (shí bā)

eighty

num. 八十 (bā shí)

例句

My little brother is eight years old.
我弟弟八岁了。

elephant

['elifənt]

n. 象 (xiàng)

例句

Most elephants live in Asia and Africa.
象大多生活在亚洲和非洲。

elevator

['eliveitə]

n. 电梯 (diàn tī)；升降机 (shēng jiàng jī)

例句

The elevator broke down.
电梯有故障。

eleven

[i'levən]

num. 十一 (shí yī)

例句

It's eleven o'clock now.
现在是十一点整。

else

[els]

lìng wài de　qí tā de
adj. 另外的；其他的

例句

What else do you want?
你还要其他的什么吗？

empty

['empti]

kōng de
adj. 空的

例句

The bag is empty.
那个袋子是空的。

end

[end]

mò duān　jié shù　jié shù
n. 末端；结束　v. 结束

例句

Go on until you reach the end.
一直往前走，直到你走到尽头。

engineer

[ˌendʒi'niə]

gōng chéng shī
n. 工程师

例句

An engineer is coming tomorrow.
明天有一个工程师过来。

England

['inglənd]

yīng gé lán yīng guó
n. 英格兰；英国

衍生词

English

yīng guó rén yīng yǔ
n. 英国人；英语

yīng guó de
adj. 英国的

例句

My English teacher is from England.
我的英语老师来自英国。

enjoy

[in'dʒɔi]

xiǎng shòu xǐ ài
v. 享受；喜爱

例句

I enjoy playing tennis.
我喜欢打网球。

enough

[i'nʌf]

chōng zú zú gòu
n. 充足；足够

zú gòu de
adj. 足够的

例句

I don't think there is enough food for them.
我认为没有足够的食物给他们。

enter

['entə]

jìn rù jiā rù
v. 进入；加入

例句

I will enter college in the autumn.
我将在秋季上大学。

entrance

['entrəns]

rù kǒu jìn rù
n. 入口；进入

例句

No Entrance.
禁止入内。

envelope

['envilәup]

xìn fēng
n. 信封

例句

Did you put a stamp on the envelope?
你在信封上贴邮票了吗?

equal

['i:kwәl]

duì shǒu tóng bèi
n. 对手；同辈

xiāng děng de píng děng de
adj. 相等的；平等的

例句

They get equal pay.
他们得到相同的酬劳。

eraser

[i'reizә]

xiàng pí cā
n. 橡皮擦

例句

Could you lend me your eraser?
你能把你的橡皮擦借给我吗?

evening

['i:vniŋ]

bàng wǎn wǎn shang
n. 傍晚；晚上

例句

Good evening.
晚上好。

ever

['evə]

céng jīng wú lùn hé shí
adv. 曾经；无论何时

例句

Have you ever been to Beijing?
你去过北京吗？

everyone

['evriwʌn]

měi gè rén rén rén
pron. 每个人；人人

近义词

everybody
['evribɔdi]
měi rén rén rén
pron. 每人，人人

例句

Everyone is here.
每个人都到了。

exact

[ig'zækt]

zhǔn què de jīng què de
adj. 准确的；精确的

qiǎng qiú
v. 强求

例句

We can't tell his exact age.
我们说不出他的确切年龄。

example

[ig'zaːmpl]

lì zi　bǎng yàng
n. 例子；榜样

例句

She is a good example to us.
她是我们的好榜样。

excited

[ik'saitid]

xīng fèn de　jī dòng de
adj. 兴奋的；激动的

例句

He is so excited today.
他今天心情很激动。

excuse

[iks'kjuːz]

lǐ yóu　jiè kǒu
n. 理由；借口

yuán liàng
v. 原谅

例句

Excuse me for being late.
请原谅我迟到了。

exercise

['eksəsaiz]

liàn xí　duàn liàn
n. 练习；锻炼

liàn xí　yùn dòng
v. 练习；运动

例句

We are doing morning exercises.
我们正在做早操。

exit

['eksit]

(n.) 出口 (chū kǒu)

例句

Where is the exit?

出口在哪里?

expect

[iks'pekt]

(v.) 期待；盼望 (qī dài; pàn wàng)

例句

We expect to see you soon.

我们期待早点见到你。

expensive

[iks'pensiv]

(adj.) 昂贵的 (áng guì de)

例句

The watch is too expensive.

这手表太贵了。

eye

[ai]

(n.) 眼睛 (yǎn jing)

例句

What's wrong with your eyes?

你的眼睛怎么了?

F f

festival

face

[feis]

n. 脸 (liǎn)　v. 面对 (miàn duì)

例句

Let's face up to the difficulties.
让我们勇敢面对困难。

fact

[fækt]

n. 事实 (shì shí)；真相 (zhēn xiàng)

例句

Tell me the facts.
告诉我真相。

factory

['fæktəri]

n. 工厂 (gōng chǎng)

例句

My father is a factory worker.
我爸爸是一个工厂的工人。

fair

[fɛə]

adj. 公平的 (gōng píng de)，公正的 (gōng zhèng de)
adv. 公正地 (gōng zhèng de)；直接地 (zhí jiē de)

例句

That was not fair.
那样不公平。

fall

[fɔːl]

pù bù　xià jiàng　diē luò　qiū tiān

n. 瀑布；下降；跌落；秋天

diē dǎo　luò xià　xià jiàng

v. 跌倒；落下；下降

例句

Everyone falls silent.

大家静下来了。

family

[ˈfæmili]

jiā tíng　jiā zú

n. 家庭；家族

例句

This is a picture of my family.

这是一张我的全家福。

famous

[ˈfeiməs]

zhù míng de　chū míng de

adj. 著名的；出名的

例句

This is a famous classical literary work.

这是一本著名的古典文学作品。

fan

[fæn]

shàn zi　fēng shàn

n. 扇子；风扇

例句

Turn off the fan, please.

请把风扇关掉。

A B C D E **F** G H I J K L M N O P Q R S T U V W X Y Z

far

[fɑː]

adj. 远的 (yuǎn de)

adv. 遥远地 (yáo yuǎn de)；很 (hěn)

例句

How far is it from here?

那儿离这里有多远？

farm

[fɑːm]

n. 农场 (nóng chǎng)；农田 (nóng tián)

例句

There are many sheep on the farm.

农场里有很多羊。

farmer

['fɑːmə]

n. 农夫 (nóng fū)；农民 (nóng mín)

例句

The farmer is working on the farm.

农民正在田里干活。

fashion

['fæʃən]

n. 流行 (liú xíng)；时尚 (shí shàng)

例句

A fashion show is on.

一场时装表演正在进行。

fast

[fa:st]

kuài sù de
adj. 快速的

hěn kuài de
adv. 很快地

例句

Liu Xiang runs very fast.
刘翔跑得很快。

fat

[fæt]

zhī fáng féi ròu
n. 脂肪；肥肉

féi de
adj. 肥的

例句

Look at the fat man.
看看那个胖子。

father

['fa:ðə]

fù qīn
n. 父亲

例句

He looks like his father.
他长得像他的父亲。

favourite

['feivərit]

tè bié xǐ ài de rén huò wù
n. 特别喜爱的人或物

tè bié xǐ ài de
adj. 特别喜爱的

例句

Football is my favourite sport.
足球是我最喜爱的运动。

fax

[fæks]

n. 传真（chuán zhēn）；传真文件（chuán zhēn wén jiàn）

v. 发传真（fā chuán zhēn）

例句

Fax me the picture.

把相片传真给我。

feather

['feðə]

n. 羽毛（yǔ máo）

例句

The peacock has beautiful feathers.

孔雀有漂亮的羽毛。

February

['februəri]

n. 二月（èr yuè）

例句

The weather is still cold in February.

二月的天气仍然寒冷。

feed

[fi:d]

v. 喂养（wèi yǎng）

例句

Dad feeds the fish every day.

爸爸每天都喂鱼。

feel

[fi:l]

gǎn jué　jué de　chù mō

n.&v. 感觉；觉得；触摸

例句

I don't feel well today.

我今天觉得不舒服。

festival

['festəvl]

jié rì　xǐ qìng rì

n. 节日；喜庆日

例句

We play dragon dance in Spring Festival.

我们在春节时舞龙。

fever

['fi:və]

fā shāo

n. 发烧

例句

Tom caught a fever.

汤姆发烧了。

few

[fju:]

hěn shǎo de　shǎo shù de

adj. 很少的；少数的

shǎo shù　hěn shǎo

pron. 少数；很少

例句

He wrote only a few words in the letter.

他在信中只写了几个字。

field

[fiːld]

yuán yě mù chǎng
n. 原野；牧场

例句
They are busy in the field.
他们正在田间忙碌着。

fight

[fait]

dǎ jià zhàn dòu
n. 打架；战斗

dǎ jià dǎ zhàng
v. 打架；打仗

例句
Benny fought with Tom just now.
班尼刚和汤姆打架了。

file

[fail]

wén jiàn dàng àn
n. 文件；档案

例句
This file is very important.
这份文件很重要。

film

[film]

diàn yǐng jiāo juǎn
n. 电影；胶卷

例句
I want to see a film.
我想看场电影。

find

[faind]

zhǎo dào　fā xiàn
v. 找到；发现

例句

I can't find my pencil.
我找不到我的铅笔。

fine

[fain]

měi hǎo de　yōu liáng de
adj. 美好的；优良的

例句

It's a fine day today.
今天天气很好。

finger

['fiŋgə]

shǒu zhǐ
n. 手指

yóu zhǐ dà mǔ zhǐ yǐ wài de shǒu zhǐ
（尤指大拇指以外的手指）

例句

How many fingers do you have?
你有多少根手指？

finish

['finiʃ]

wán chéng　jié shù
n.& v. 完成；结束

例句

Do you finish your homework?
你做完作业了吗？

fire

['faiə]

huǒ　　diǎn rán　jiě gù

n. 火　v. 点燃；解雇

例句

Let's sit round the fire.

让我们围着火堆坐。

first

[fəːst]

dì yī

n. 第一

shǒu xiān　zuì chū

adj. 首先；最初

例句

Billy is always the first one to school.

比利总是第一个到学校。

fish

[fiʃ]

yú　yú ròu

n. 鱼；鱼肉

bǔ yú　diào yú

v. 捕鱼；钓鱼

例句

I am good at fishing.

我擅长钓鱼。

fisherman

['fiʃəmən]

yú mín　yú fū

n. 渔民；渔夫

例句

My uncle is a fisherman.

我的叔叔是一个渔夫。

five

[faiv]

num. 五 (wǔ)

衍生词

fifteen
num. 十五 (shí wǔ)

fifty
num. 五十 (wǔ shí)

例句

Is it five o'clock?
现在是五点钟了吗?

fix

[fiks]

v. 修理；整理 (xiū lǐ; zhěng lǐ)

例句

Could you fix my bike?
你能帮我修理自行车吗?

flag

[flæg]

n. 旗 (qí)

例句

This is our national flag.
这是我们的国旗。

flat

[flæt]

n. 公寓 (gōng yù)

adj. 平的；平坦的 (píng de; píng tǎn de)

例句

He rents a new flat.
他租了一套新的公寓。

floor

[flɔː]

n. 地面；地板；层 (dì miàn; dì bǎn; céng)

例句

The library is on the second floor.
图书馆在二楼。

flower

[ˈflauə]

n. 花 (huā)

例句

Don't pick the flowers in the park.
在公园里不能摘花。

fly

[flai]

n. 苍蝇 (cāng ying) v. 飞；放飞 (fēi; fàng fēi)

例句

Jack is flying a kite.
杰克正在放风筝。

follow

[ˈfɔləu]

v. 跟随 (gēn suí)

例句

The doggy is following me.
小狗正跟着我。

food

[fu:d]

n. 食物（shí wù）

例句

Many people like Chinese food.
许多人喜欢吃中国菜。

foolish

['fu:liʃ]

adj. 愚蠢的（yú chǔn de）；傻的（shǎ de）

例句

How foolish you are!
你真愚蠢！

foot

[fut]

n. 脚（jiǎo）；底部（dǐ bù）；英尺（yīng chǐ）

feet（复数形式）

例句

I go to school on foot.
我步行上学。

football

['futbɔ:l]

n. 足球（zú qiú）；橄榄球（gǎn lǎn qiú）

例句

They are playing football.
他们正在踢足球。

for

[fɔː]

wèi le xiàng dá
prep. 为了；向；达

yóu yú yīn wèi
conj. 由于；因为

例句

The house is for sale.
此房待售。

foreign

[ˈfɔrin]

wài guó de duì wài de
adj. 外国的；对外的

衍生词

foreigner

wài guó rén
n. 外国人

例句

My friend has learned several foreign languages.
我的朋友学了好几种外语。

forest

[ˈfɔrist]

sēn lín
n. 森林

例句

Many animals live in the forest.
许多动物住在森林里。

forget

[fəˈget]

wàng jì hū lüè
v. 忘记；忽略

例句

I forget the key.
我忘了带钥匙。

forgive

[fə'giv]

yuán liàng kuān shù
v. 原谅；宽恕

例句

Please forgive me.
请原谅我吧。

fork

[fɔːk]

chā zi cān chā
n. 叉子；餐叉

例句

Jack eats with a fork.
杰克用叉子吃东西。

four

[fɔː]

sì
num. 四

衍生词

fourteen
shí sì
num. 十四

forty
sì shí
num. 四十

例句

How many circles are there? Four.
有多少个圆形？四个。

fox

[fɔːks]

hú li
n. 狐狸

例句

Foxes are very clever.
狐狸非常聪明。

France

[fra:ns]

fǎ guó
n. 法国

衍生词

French

fǎ guó rén fǎ yǔ
n. 法国人；法语

fǎ guó de
adj. 法国的

例句

Paris is the capital city of France.
巴黎是法国的首都。

free

[fri:]

zì yóu de kòng xián de
adj. 自由的；空闲的；

miǎn fèi de
免费的

例句

Are you free tomorrow?
你明天有空吗?

freeze

[fri:z]

lěng dòng níng gù jié bīng
v. 冷冻；凝固；结冰

例句

I am freezing.
我冻僵了。

fresh

[freʃ]

xīn xiān de
adj. 新鲜的

例句

The milk is not fresh.
这牛奶不新鲜。

Friday

['fraidi]

xīng qī wǔ
n. 星期五

例句

I have Japanese lessons every Friday.
每个星期五我上日语课。

fridge

[fridʒ]

bīng xiāng
n. 冰箱

例句

There is some ice cream in the fridge.
冰箱里有冰淇淋。

friend

[frend]

péng you
n. 朋友

例句

Tom and May are my good friends.
汤姆和梅是我的好朋友。

friendly

['frendli]

yǒu hǎo de　yǒu shàn de
adj. 友好的；友善的

例句

The girl is friendly to everybody.
那女孩对每个人都很友好。

frog

[frɔg]

n. 青蛙 (qīng wā)

例句

The frogs are croaking.
青蛙在呱呱叫。

from

[frɔm]

prep. 从；来自…… (cóng; lái zì)

例句

We work from Monday to Friday.
从周一到周五我们要工作。

front

[frʌnt]

n. 前面 (qián miàn)

例句

A dog is standing in front of the store.
一只狗站在这家商店前。

fruit

[fruːt]

n. 水果；果实 (shuǐ guǒ; guǒ shí)

例句

Do you like fruit?
你喜欢水果吗?

full

[ful]

quán bù　　chōng mǎn de
n. 全部　adj. 充满的

例句

The box is full.
盒子装满了。

fun

[fʌn]

yǒu qù　wán xiào
n. 有趣；玩笑

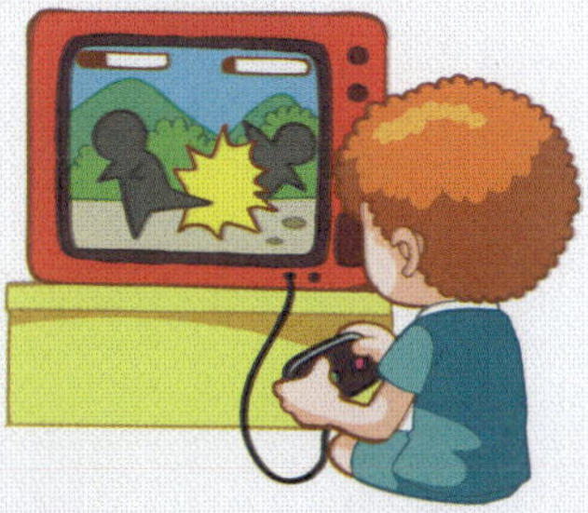

例句

It's fun to play computer games.
玩电脑游戏很有趣。

furniture

['fəːnitʃə]

jiā jù　shè bèi
n. 家具；设备

例句

We have little furniture.
我们没什么家具。

future

['fjuːtʃə]

wèi lái　jiāng lái
n. 未来；将来

wèi lái de　jiāng lái de
adj. 未来的；将来的

例句

There will be a school here in the near future.
不久的未来这里会有一所学校。

G g

game

game

[geim]

yóu xì　bǐ sài　jìng sài
n. 游戏；比赛；竞赛

例句

The children are playing a game.
孩子们正在玩游戏。

garden

[ˈgɑːdn]

huā yuán
n. 花园

例句

There are many roses in the garden.
花园里有很多玫瑰。

gas

[gæs]

qì tǐ　méi qì
n. 气体；煤气

例句

My mother turned off the gas.
我妈妈关掉了煤气。

gate

[geit]

dà mén
n. 大门

例句

See you tomorrow at the gate of the school.
明天在学校门口见。

gather

['gæðə]

jí hé sōu jí jù jí
v. 集合；搜集；聚集

例句

They are gathering flowers.
他们正在采集野花。

general

['dʒenərəl]

pǔ biàn de dà tǐ de yì bān de
adj. 普遍的；大体的；一般的

例句

Can you tell me the general idea of the novel?
你能告诉我这本小说的主要内容吗？

gentle

['dʒentl]

wēn róu de lǐ mào de
adj. 温柔的；礼貌的

衍生词

gentleman
gé xià xiān sheng
n. 阁下，先生
gentlemen
（复数形式）

例句

He is gentle. Everybody likes him.
他很温和。大家都喜欢他。

Germany

['dʒə:məni]

dé guó
n. 德国

衍生词

German
dé guó rén dé yǔ
n. 德国人；德语
dé guó de
adj. 德国的

例句

The woman is from Germany.
那女人来自德国。

get

[get]

v. 获得(huò dé)；变成(biàn chéng)；到达(dào dá)

例句

I've got a bad cold.
我得了重感冒。

gift

[gift]

n. 赠品(zèng pǐn)；礼物(lǐ wù)；天赋(tiān fù)

例句

Everyone has his own gift.
每个人有他自己的天赋。

giraffe

[dʒi'rɑːf]

n. 长颈鹿(cháng jǐng lù)

例句

Giraffes eat leaves from trees.
长颈鹿吃树上的叶子。

girl

[gəːl]

n. 女孩(nǚ hái)；少女(shào nǚ)

例句

The little girl is very lovely.
那小女孩很可爱。

give

[giv]

gěi shòu yǔ
v. 给；授予

例句

Give me a bottle of milk.
给我一瓶牛奶。

glad

[glæd]

gāo xìng de lè yì de
adj. 高兴的；乐意的

例句

Glad to see you.
很高兴见到你。

glass

[glɑːs]

bō li bō li bēi
n. 玻璃；玻璃杯

例句

I want a glass of water.
我想要一杯水。

glove

[glʌv]

shǒu tào
n. 手套

例句

Did you see my other glove?
你看见我另一只手套了吗？

A B C D E F G H I J K L M N O P Q R S T U V W X Y Z

go

[gəu]

qù jìn xíng
v. 去；进行

例句

Let's go!
让我们走吧！

goat

[gəut]

shān yáng
n. 山羊

例句

Goats are different from sheep.
山羊与绵羊不同。

gold

[gəuld]

jīn zi jīn sè
n. 金子；金色

例句

He won an Olympic gold metal.
他赢得了一块奥运金牌。

good

[gud]

hǎo chu lì yì
n. 好处；利益

yōu liáng de hǎo de
adj. 优良的；好的

例句

It's a good idea.
这是个好主意。

A B C D E F G H I J K L M N O P Q R S T U V W X Y Z

goose

[guːs]

n. 鹅

geese（复数形式）

例句

The goose is a good swimmer.
鹅是游泳好手。

grade

[greid]

n. 等级；级别

例句

I'm in Class Three Grade One.
我在一年级三班。

grand

['grænd]

adj. 宏伟的；豪华的；极好的

衍生词

grandfather
n. 祖父
grandmother
n. 祖母
grandchild
n. 孙子，孙女

例句

The hotel is really grand.
这个酒店非常富丽堂皇。

grape

[greip]

n. 葡萄

例句

Wine is made from grapes.
葡萄酒是由葡萄做成的。

grass

[grɑːs]

cǎo
n. 草

例句

Don't walk on the grass.
不要践踏草地。

great

[greit]

wěi dà de　jù dà de
adj. 伟大的；巨大的

例句

The Great Wall is one of the wonders in the world.
长城是世界上的奇迹之一。

green

[griːn]

lǜ sè　lǜ sè de
n. 绿色　adj. 绿色的

例句

Green apples are sour.
未长熟的苹果是酸的。

grey

[grei]

huī sè　huī sè de
n. 灰色　adj. 灰色的

例句

The elephant is grey.
大象是灰色的。

ground

[graund]

dì miàn tǔ dì
n. 地面；土地

例句

The cat is lying on the ground.
猫正躺在地上。

group

[gru:p]

tuán tǐ zǔ
n. 团体；组

例句

Everyone gets into groups of four, please.
请大家四人组成一组。

grow

[grəu]

shēng zhǎng chéng zhǎng zhòng zhí
v. 生长；成长；种植

例句

What do you want to be when you grow up?
你长大了想做什么？

guess

[ges]

cāi cè tuī cè
n.& v. 猜测；推测

例句

Guess how old I am.
猜猜我几岁。

guest

[gest]

kè rén　lái bīn
n. 客人；来宾

例句

We are having some guests for dinner tonight.
我们今晚将有一些客人来吃饭。

guide

[gaid]

xiàng dǎo　zhǐ nán
n. 向导；指南

dài lǐng　yǐn dǎo
v. 带领；引导

例句

Is there a guide with you?
有导游和你在一起吗?

guitar

[gi'tɑː]

jí tā　tán jí tā
n. 吉他　v. 弹吉他

例句

The singer is playing the guitar.
那歌手正在弹吉他。

gun

[gʌn]

pào　qiāng
n. 炮；枪

例句

The boy has a toy gun.
那男孩有一支玩具枪。

H h

hand

habit

['hæbit]

xí guàn xí xìng
n. 习惯；习性

例句

Smoking is a bad habit.
吸烟是一个坏习惯。

hair

[hɛə]

tóu fa
n. 头发

例句

The girl has long hair.
那女孩留着长发。

half

[hɑːf]

yí bàn yí bàn de
n. 一半 adj. 一半的

例句

It's half past seven.
七点三十分了。

ham

[hæm]

huǒ tuǐ
n. 火腿

衍生词
hamburger
hàn bǎo bāo
n. 汉堡包

例句

We like to eat ham.
我们喜欢吃火腿。

hand

[hænd]

shǒu
n. 手

衍生词

handkerchief

shǒu pà
n. 手帕

例句

They're hand in hand.
她们手拉着手。

handsome

['hænsəm]

yīng jùn de qīng xiù de
adj. 英俊的；清秀的

例句

Benny is a handsome boy.
班尼是一个英俊的小伙子。

happen

['hæpən]

fā shēng
v. 发生；

pèng qiǎo ǒu rán fā shēng
碰巧；偶然发生

例句

What happened?
发生什么事了？

happy

['hæpi]

kuài lè de xìng fú de
adj. 快乐的；幸福的

例句

Happy New Year!
新年快乐！

hard

[hɑːd]

yìng de　jiān gù de
adj. 硬的；坚固的

nǔ lì de　xīn kǔ de
adv. 努力地；辛苦地

例句

They are studying hard.
他们正在努力学习。

harm

[hɑːm]

shāng hài　sǔn hài
n.&v. 伤害；损害

例句

It does no harm,doesn't it?
这是无害的，不是吗？

harvest

['hɑːvist]

shōu huò　shōu gē
n.&v. 收获；收割

例句

The harvest is good this year.
今年粮食丰收。

hat

[hæt]

mào zi
n. 帽子

例句

This hat is too large for me.
这顶帽子对于我来说太大了。

A B C D E F G H I J K L M N O P Q R S T U V W X Y Z

hate

[heit]

zēng hèn　tǎo yàn
n.&v. 憎恨；讨厌

例句

I hate smoking.
我讨厌抽烟。

have

[hæv]

yǒu
v. 有

has（单数形式）

例句

I have a dream.
我有一个梦想。

he

[hiː]

tā
pron. 他

例句

He is a strong man.
他是一个强壮的男人。

head

[hed]

tóu　tóu nǎo　shàng si
n. 头；头脑；上司

例句

The girl turned her head to look at me.
那女孩转过头看着我。

headache

['hedeik]

n. 头痛 (tóu tòng)

例句

He's got a terrible headache.
他头痛得厉害。

health

[helθ]

n. 健康 (jiàn kāng)

衍生词

healthy

adj. 健康的 (jiàn kāng de)；有益于健康的 (yǒu yì yú jiàn kāng de)

例句

Exercise is good for health.
锻炼对健康有好处。

hear

[hiə]

v. 听见 (tīng jiàn)；听说 (tīng shuō)

例句

I heard nothing.
我什么都听不到。

heart

[haːt]

n. 心脏 (xīn zàng)；中心 (zhōng xīn)

例句

My heart is beating quickly.
我的心脏跳得很快。

heavy

['hevi]

zhòng de chén zhòng de
adj. 重的；沉重的

chén zhòng de
adv. 沉重地

例句

The stone is too heavy.
这石头太重了。

helicopter

['helikɔptə]

zhí shēng jī
n. 直升机

例句

Helen often travels by helicopter.
海伦经常坐直升机旅行。

hello

[hə'ləu]

wèi nǐ hǎo
int. 喂；你好

例句

Hello,everybody.
大家好。

help

[help]

bāng máng bāng zhù
n.&v. 帮忙；帮助

衍生词

helpful

yǒu yì de yǒu yòng de
adj. 有益的；有用的

例句

Can I help you?
我可以帮你吗？

her

[həː]

tā de tā
pron. 她的；她

例句

This is her bag.
这是她的袋子。

here

[hiə]

zài zhè lǐ zhè lǐ
adv. 在这里；这里

例句

Come here, please.
请到这里来。

hi

[hai]

hēi nǐ hǎo
int. 嗨；你好

例句

Hi, Mr. Wang.
你好，王先生。

hide

[haid]

duǒ cáng
v. 躲藏

衍生词

hide-and-seek
zhuō mí cáng
n. 捉迷藏

例句

They hide the jewel in the earth.
她们把珠宝埋到土里。

high

[hai]

gāo de
adj. 高的

gāo dù de zài gāo chù
adv. 高度地；在高处

例句

The mountain is so high.
这座山很高。

hill

[hil]

xiǎo shān qiū líng
n. 小山；丘陵

例句

Their villa stands on a hill.
他们的别墅坐落在一座小山上。

hippo

['hipəu]

hé mǎ
n. 河马

例句

The hippo has a big mouth.
河马有一张大嘴。

his

[his]

tā de
pron. 他的

例句

The nice lady is his mother.
那位漂亮的女士是他的母亲。

history

['histəri]

lì shǐ lì shǐ xué
n. 历史；历史学

例句

Angel studies Chinese history.
安琪研究中国历史。

hit

[hit]

dǎ dǎ jī jī zhòng
n.&v. 打；打击；击中

例句

The boy hit a home run.
那男孩打了一个全垒打。

hobby

['hɔbi]

yè yú ài hào
n. 业余爱好

例句

My hobby is reading.
我的爱好是阅读。

hold

[həuld]

ná zhe wò zhe jǔ bàn
v. 拿着；握着；举办

例句

Hold on, please.
请等一等，别挂机。

A B C D E F G H I J K L M N O P Q R S T U V W X Y Z

hole

[həul]

dòng kǒng
n. 洞；孔

例句

Benny's toe is showed through a hole in his sock.
班尼的脚趾从袜子的洞露了出来。

holiday

['hɔlədi]

jià rì jià qī
n. 假日；假期

例句

What are you going on holiday?
假期你打算去哪里？

home

[həum]

jiā zhù zhái jiā xiāng
n. 家；住宅；家乡

例句

Go home at once.
马上回家。

homework

['həumwəːk]

jiā tíng zuò yè
n. 家庭作业

例句

I do my homework in the evening.
晚上我在做家庭作业。

honest

[ˈɔnist]

chéng shí de　zhèng zhí de
adj. 诚实的；正直的

例句

Tom is an honest boy.
汤姆是一个诚实的孩子。

honey

[ˈhʌni]

mì　fēng mì
n. 蜜；蜂蜜

例句

The juice is as sweet as honey.
果汁甜如蜂蜜。

hope

[həup]

xī wàng　xìn xīn
n. 希望；信心

xī wàng　pàn wàng
v. 希望；盼望

例句

I hope you will win.
我希望你会赢。

horse

[hɔːs]

mǎ
n. 马

例句

Can you ride a horse?
你会骑马吗？

A B C D E F G H I J K L M N O P Q R S T U V W X Y Z

hospital

['hɔspitl]

yī yuàn
n. 医院

例句

Could you tell me how to get to the hospital?
你能告诉我怎样去医院吗?

hot

[hɔt]

rè de　rè qíng de
adj. 热的；热情的

例句

The weather is hot here.
这里的天气炎热。

hotel

[həu'tel]

lǚ guǎn　jiǔ diàn
n. 旅馆；酒店

例句

Is there a hotel near here?
这附近有酒店吗?

hour

['auə]

xiǎo shí　zhōng tóu
n. 小时；钟头

1小时 = 60 分钟

例句

There are sixty minutes in an hour.
一小时有六十分钟。

house

[haus]

fáng zi zhù zhái

n. 房子；住宅

例句

He wants to paint the whole house.

他想粉刷整座房子。

how

[hau]

zěn me rú hé

adv. 怎么；如何

例句

How do you go to work?

你怎样去上班?

hundred

['hʌndrəd]

yì bǎi

num. 一百

例句

Two hundred divided by two is one hundred.

200 除以 2 等于 100。

hungry

['hʌŋgri]

jī è de

adj. 饥饿的

例句

Mum, I am hungry.

妈妈，我饿了。

A B C D E F G H I J K L M N O P Q R S T U V W X Y Z

hunter

['hʌntə]

n. 猎人 (liè rén)

例句

The hunter is taking a gun.
那猎人拿着一支枪。

hurry

['hʌri]

n. & v. 急忙 (jí máng)；匆忙 (cōng máng)

例句

Hurry up, or you will be late.
快点，否则你将迟到了。

hurt

[həːt]

n. & v. 伤害 (shāng hài)；受伤 (shòu shāng)

例句

The man hurt his arm.
那人弄伤了他的手臂。

husband

['hʌzbənd]

n. 丈夫 (zhàng fu)

例句

Mr. Green is Mary's husband.
格林先生是玛丽的丈夫。

I i

invite

I

[ai]

pron. 我 (wǒ)

例句

I am a teacher.
我是一名教师。

ice

[ais]

n. 冰 (bīng)

例句

The ice begins to melt.
冰开始融化了。

idea

[ai'diə]

n. 想法；主意 (xiǎng fǎ; zhǔ yi)

例句

I have no idea.
我不清楚。

if

[if]

conj. 如果 (rú guǒ)

例句

We will play basketball if it is a fine day.
如果天气好，我们就打篮球。

ill

[il]

yǒu bìng de

adj. 有病的

例句

Our teacher looks tired and ill.
我们的老师看起来很累和不舒服。

imagine

[i'mædʒin]

xiǎng xiàng huàn xiǎng

v. 想像；幻想

例句

Can you imagine it?
你能想像到吗？

important

[im'pɔːtənt]

zhòng yào de zhòng dà de

adj. 重要的；重大的

例句

Milk is an important food for babies.
牛奶是婴儿很重要的食物。

in

[in]

zài lǐ

prep. 在……里

例句

I'll be back in two days.
我两天之内回来。

inside

[ˌin'said]

lǐ miàn
n. 里面

zài lǐ miàn
prep. 在……里面

例句

It was quiet inside.
里面静悄悄的。

instead

[in'sted]

dài tì gēng huàn
adv. 代替；更换

例句

I will go shopping instead of swimming.
我去购物不去游泳了。

interest

['intrist]

xìng qù shǐ gǎn xìng qù
n. 兴趣 v. （使）感兴趣

例句

English interests me very much.
我对英语很感兴趣。

interesting

['intristiŋ]

yǒu qù wèi de
adj. 有趣味的

例句

The story is very interesting.
这个故事很有趣。

Internet

[intə'net]

yīn tè wǎng guó jì hù lián wǎng luò

n. 因特网；国际互联网络

例句

We send e-mail by Internet.
我们通过互联网发电子邮件。

into

['intu]

dào nèi zhuǎn biàn chéng

prep. 到……内；转变成；

cháo xiàng

朝，向

例句

She bursted into tears.
她突然大哭起来。

introduce

[ˌintrə'dju:s]

jiè shào

v. 介绍

例句

Let me introduce myself. I'm Lily.
让我来自我介绍。我叫莉莉。

invite

[in'vait]

yāo qǐng

n. 邀请

yāo qǐng yǐn qǐ

v. 邀请；引起

例句

Susan invited me for tea.
苏珊邀请我去吃茶点。

iron

['aiən]

n. 铁(tiě)；熨斗(yùn dǒu)

v. 烫平(tàng píng)；烫衣服(tàng yī fu)

例句

Don't touch the iron!
不要碰那个电熨斗！

is

[iz]

v. 是(shì)

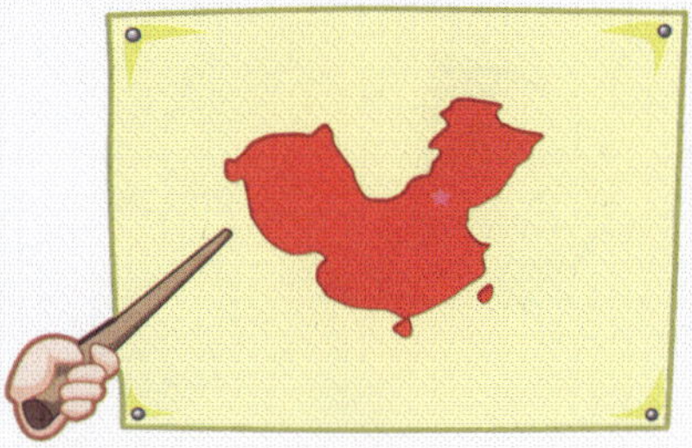

例句

This is a map.
这是一张地图。

island

['ailənd]

n. 岛(dǎo)；岛屿(dǎo yǔ)

例句

They live on a small island.
他们住在一个小岛上。

it

[it]

pron. 它(tā)

例句

It is a chair.
它是一张椅子。

J j

jam

jacket

['dʒækit]

duǎn shàng yī jiá kè

n. 短上衣；夹克

例句

Benny's jacket fits well.

班尼的夹克很合身。

jam

[dʒæm]

guǒ jiàng yōng jǐ

n. 果酱；拥挤

dǔ sè yōng jǐ

v. 堵塞；拥挤

例句

I spread jam on the bread.

我把果酱涂在面包上。

January

['dʒænjuəri]

yī yuè

n. 一月

例句

January 1st is New Year's Day.

1月1日是元旦。

Japan

[dʒə'pæn]

rì běn

n. 日本

衍生词

Japanese

rì běn rén rì yǔ

n. 日本人；日语

rì běn de

adj. 日本的

例句

Japan is in Asia.

日本在亚洲。

jeans

[dʒiːnz]

niú zǎi kù

n. 牛仔裤

例句

The girl is in blue jeans.

那女孩穿着蓝色牛仔裤。

jeep

[dʒiːp]

jí pǔ chē

n. 吉普车

例句

Smith has a green jeep.

史密斯有一辆绿色的吉普车。

jewel

[ˈdʒuːəl]

bǎo shí zhū bǎo

n. 宝石；珠宝

例句

Ann never wears jewel.

安从不戴珠宝。

job

[dʒɔb]

gōng zuò zhí yè chéng guǒ

n. 工作；职业；成果

例句

What is your job?

你的职业是什么?

join

[dʒɔin]

lián jiē　jiē hé　cān jiā
v. 连接；接合；参加，
jiā rù
加入

例句

My brother joined the army last year.
我的兄弟去年参军了。

joke

[dʒəuk]

xiào hua　kāi wán xiào
n. 笑话　v. 开玩笑

例句

He told me a joke about monkey.
他给我讲了一个关于猴子的笑话。

journey

[ˈdʒəːni]

lǚ xíng　lǚ chéng
n. 旅行；旅程

例句

Wish you a pleasant journey!
祝你旅途愉快！

juice

[dʒuːs]

shuǐ guǒ　shū cài děng de
n.（水果、蔬菜等的）
zhī　yè
汁；液

例句

Would you like some fruit juice?
你想要一些果汁吗？

July

[dʒuː'lai]

qī yuè
n. 七月

例句

The summer camp started on July 5th.
夏令营从 7 月 5 日开始。

jump

[dʒʌmp]

tiào yuè　tū biàn
n. 跳跃；突变
tiào　tiào yuè
v. 跳，跳跃

例句

I like the high jump.
我喜欢跳高运动。

June

[dʒuːn]

liù yuè
n. 六月

例句

June 1st is the Children's Day.
6 月 1 日是儿童节。

just

[dʒʌst]

zhèng hǎo　qià hǎo
adv. 正好；恰好；
jǐn jǐn　zhǐ shì　gāng cái
仅仅；只是；刚才

例句

I just finished reading the book when he came in.
他走进来时我刚读完这本书。

K k

key

kangaroo

[ˌkæŋɡəˈruː]

dài shǔ
n. 袋鼠

例句

The kangaroo lives in Australia.
袋鼠生活在澳大利亚。

keep

[kiːp]

sì yǎng liú zhù
v. 饲养；留住；

bǎo chí bǎo cún
保持；保存

例句

Keep quiet, please.
请保持安静。

kettle

[ˈketl]

shuǐ hú
n. 水壶

例句

The water in the kettle is boiling.
壶中的水烧开了。

key

[kiː]

yào shi guān jiàn shēng diào
n. 钥匙；关键；声调

例句

Sorry, I lost my key.
对不起，我丢了我的钥匙。

kick

[kik]

n. 踢腿 (tī tuǐ)　v. 踢 (tī)

例句

Kick the ball out!
把球踢出去！

kill

[kil]

v. 杀死 (shā sǐ)；毁掉 (huǐ diào)；消磨 (xiāo mó)（时间 shí jiān）

例句

We played cards to kill time.
我们打牌消磨时间。

kilo

['kiləu]

n. 千克 (qiān kè)；公斤 (gōng jīn)

例句

"What's you weight?"　"45 kilo."
“你的体重是多少？”
“45 公斤。”

kind

[kaind]

n. 种类 (zhǒng lèi)；性质 (xìng zhì)

adj. 仁慈的 (rén cí de)；亲切的 (qīn qiè de)

例句

The old woman is kind and lovely.
这位老妇人善良又可爱。

king

[kiŋ]

n. 国王；君主；首领 (guó wáng; jūn zhǔ; shǒu lǐng)

例句

The lion is king of the jungle.

狮子是森林之王。

kiss

[kis]

n. 亲吻；轻拂 (qīn wěn; qīng fú)

v. 接吻；轻拂 (jiē wěn; qīng fú)

例句

They kissed each other goodbye.

她们互相吻别。

kitchen

[ˈkitʃin]

n. 厨房；全套炊具 (chú fáng; quán tào chuī jù)

例句

We have a big kitchen.

我们有一个大厨房。

kite

[kait]

n. 风筝 (fēng zheng)

例句

She's flying a kite.

她在放风筝。

knee

[ni:]

xī　xī gài
n. 膝；膝盖

例句

I put the book on my knees.
我把书放在我的膝盖上。

knife

[naif]

dāo　cān dāo
n. 刀；餐刀

例句

This knife is very sharp.
这把小刀很锋利。

knock

[nɔk]

qiāo jī　dǎ jī
n. 敲击；打击

qiāo　qiāo dǎ　zhuàng jī
v. 敲；敲打；撞击

例句

Knock at the door before coming in.
进来前先敲门。

know

[nəu]

zhī dào　liǎo jiě　rèn shi
v. 知道；了解；认识；

shú shi　jīng tōng　rèn chū
熟识；精通；认出

例句

I don't know.
我不知道。

L l

lady

lack

[læk]

quē fá　bù zú　méi yǒu
n. 缺乏；不足；没有

quē fá　méi yǒu
v. 缺乏；没有

例句

She lacks of confidence.
她缺乏自信。

ladder

['lædə]

tī zi　jiē tī
n. 梯子；阶梯

例句

Could I use the ladder?
我能用这把梯子吗?

lady

['leidi]

nǚ shì　fū rén
n. 女士；夫人

例句

Lady first.
女士优先。

lake

[leik]

hú
n. 湖

例句

The West Lake is in Hangzhou.
西湖在杭州。

lamb

[læm]

n. 小羊；羔羊 (xiǎo yáng; gāo yáng)

例句

The little lamb is eating grass.
小羊羔正在吃草。

lamp

[læmp]

n. 灯；油灯 (dēng; yóu dēng)

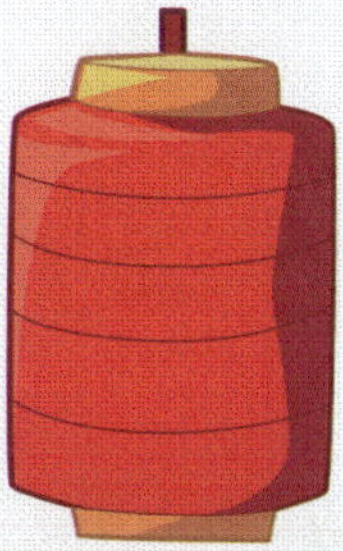

例句

This is an old-fashioned lamp.
这是一盏旧式的灯。

land

[lænd]

n. 陆地；国土 (lù dì; guó tǔ)

v. 上岸；登陆 (shàng àn; dēng lù)

例句

Frogs live on the land and in the water.
青蛙生活在陆地上和水中。

language

['læŋgwidʒ]

n. 语言；表达方式 (yǔ yán; biǎo dá fāng shì)

例句

How many foreign languages can you speak?
你会讲多少种外语？

A B C D E F G H I J K L M N O P Q R S T U V W X Y Z

large

[la:dʒ]

dà de　　jù dà de
adj. 大的；巨大的

例句

The rich man has a large house.
那个富翁有座大房子。

last

[la:st]

zuì hòu　　lín zhōng
n. 最后；临终

chí xù　　jiān chí
v. 持续；坚持

zuì hòu de　　zuì jìn de
adj. 最后的；最近的

例句

I went to Beijing last week.
上星期我去了北京。

late

[leit]

chí de　　wǎn de　　zuì jìn de
adj. 迟的；晚的；最近的

例句

Don't be late for school.
上学不要迟到。

lately

['leitli]

zuì jìn　　bù jiǔ qián
adv. 最近；不久前

例句

Have you seen him lately?
你最近有见过他吗？

laugh

[la:f]

xiào　xiào shēng　xiào　jī xiào
n. 笑；笑声　v. 笑；讥笑

例句

The children laughed loudly.
孩子们大声笑起来。

lazy

['leizi]

lǎn duò de　lǎn sǎn de
adj. 懒惰的；懒散的

例句

The lazy man does not do much housework.
这个懒惰的男人不太做家务。

lead

[li:d]

yǐn dǎo　xiàn suǒ
n. 引导；线索

lǐng dǎo　dài lǐng　kāi chuàng
v. 领导；带领；开创

例句

The road will lead you to the town.
这条路一直带你通到镇上。

leaf

[li:f]

yè　shù yè
n. 叶；树叶

例句

The leaves turned yellow.
树叶变黄了。

learn

[lə:n]

xué xí　xué huì
v. 学习；学会

例句

They are learning Chinese.
她们正在学中文。

least

[li:st]

zuì xiǎo de　zuì shǎo de
adj. 最小的；最少的

例句

I go to visit my grandma at least once a week.
我至少每星期去看望我奶奶一次。

leave

[li:v]

lí kāi　dòng shēn　yí wàng
v. 离开；动身；遗忘

例句

He is going to leave Shanghai for home.
他将要离开上海回家。

left

[left]

zuǒ　zuǒ biān　zuǒ biān de
n. 左；左边　adj. 左边的

zuǒ biān de　xiàng zuǒ
adv. 左边地；向左

例句

The shop is on your left.
商店在你的左边。

leg

[leg]

n. 腿 (tuǐ)

例句

My leg is asleep.
我的腿麻木了。

lemon

['lemən]

n. 柠檬 (níng méng)

例句

I would like a cup of lemon tea.
我要一杯柠檬茶。

lend

[lend]

v. 借出 (jiè chū)；把 (bǎ)……借给 (jiè gěi)

例句

I lend her a story book.
我借给她一本故事书。

lesson

['lesn]

n. 功课 (gōng kè)；课程 (kè chéng)；教训 (jiào xùn)

例句

The students are having lessons.
学生们正在上课。

let

[let]

yǔn xǔ　ràng
v. 允许；让

例句

Just let it be.
就这样吧。

letter

['letə]

zì mǔ　xìn hán
n. 字母；信函

例句

I am writing a letter to my friend.
我正在给我的朋友写信。

library

['laibrəri]

tú shū guǎn　cáng shū shì
n. 图书馆；藏书室

例句

I borrowed a book from the library.
我从图书馆借了一本书。

lie

[lai]

huǎng huà　huǎng yán
n. 谎话；谎言

shuō huǎng　tǎng　wèi yú
v. 说谎；躺；位于

例句

We lie in the shade of the tree.
我们躺在树荫下。

life

[laif]

shēngmìng shēnghuó
n. 生命；生活

例句

They like the life in China.
他们喜欢在中国的生活。

light

[lait]

guāng
n. 光

qīng de qiǎn sè de
adj. 轻的；浅色的

例句

Judy's dress is light blue.
茱迪的裙子是浅蓝色的。

like

[laik]

xǐ huan yuàn yì xiàng
v. 喜欢；愿意 prep. 像

xiāngxiàng de
adj. 相像的

例句

How do you like this movie?
你觉得这部电影怎样？

lily

['lili]

bǎi hé huā
n. 百合花

例句

We can buy lilies in the flower shop.
我们可以在花店买到百合花。

line

[lain]

n. 绳（shéng）；线（xiàn）

v. 沿（yán）……排列成行（pái liè chéng háng）；排队（pái duì）

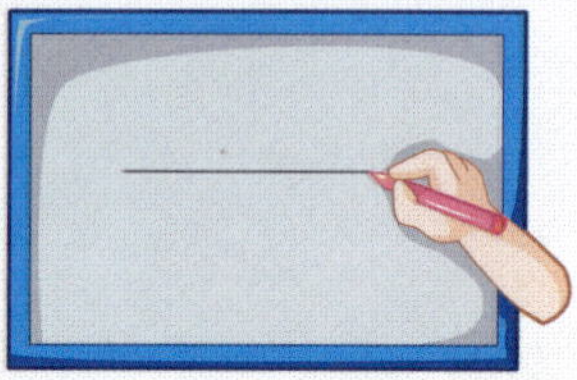

例句

Draw a line on the paper.
在纸上画一条线。

lion

['laiən]

n. 狮子（shī zi）

例句

Every dog is a lion at home.
狗在家中猛如狮。

lip

[lip]

n. 嘴唇（zuǐ chún）

例句

Joan made her lips red.
琼把嘴唇涂成红色。

listen

['lisn]

n. 倾听（qīng tīng） v. 听（tīng）；收听（shōu tīng）

例句

Listen to the teacher,please.
请听老师讲课。

little

['litl]

yì diǎn shǎo liàng
n. 一点；少量

xiǎo de shǎo de
adj. 小的；少的

例句

Many a little makes a mickle.
积少成多。

live

[liv]

shēng huó jū zhù
v. 生活；居住

衍生词

living room

qǐ jū shì
n. 起居室

lively

huó pō de shēng dòng de
adj. 活泼的；生动的

例句

I live in Guangzhou.
我住在广州。

lock

[lɔk]

suǒ suǒ shàng
n. 锁 v. 锁上

例句

Lock the door,please.
请把门锁上。

lonely

['ləunli]

gū dú de jì mò de
adj. 孤独的；寂寞的

例句

The old woman feels lonely.
这个老妇人感到孤独。

long

[lɔŋ]

cháng de
adj. 长的

例句

The girl's dress is long!
这个女孩的裙子好长啊！

look

[luk]

kàn wài biǎo kàn
n. 看；外表 v. 看

例句

What are you looking at ?
你在看什么呢?

lose

[lu:z]

yí shī shǐ mí lù
v. 遗失；（使）迷路

例句

They lost their way in the woods.
他们在树林里迷路了。

loud

[laud]

gāo shēng de
adj. 高声的

衍生词
loudly
gāo shēng de dà shēng de
adv. 高声地，大声地

例句

The singer is singing in a loud voice.
那个歌手正在高声歌唱。

love

[lʌv]

n. 爱(ài)　v. 爱(ài)；热爱(rè ài)

衍生词

lovely

adj. 可爱的(kě ài de)；动人的(dòng rén de)

例句

I love my parents.

我爱我的父母。

low

[ləu]

adj. 低的(dī de)；矮的(ǎi de)

例句

He sells the books at a low price.

他低价出售这些书。

luck

[lʌk]

n. 运气(yùn qì)；好运(hǎo yùn)

例句

Wish you good luck.

祝你好运。

lunch

[lʌntʃ]

n. 午餐(wǔ cān)

例句

Let's have lunch together.

一起吃午饭吧。

M m

main

machine

[mə'ʃiːn]

jī qì　jī xiè zhuāng zhì

n. 机器；机械装置

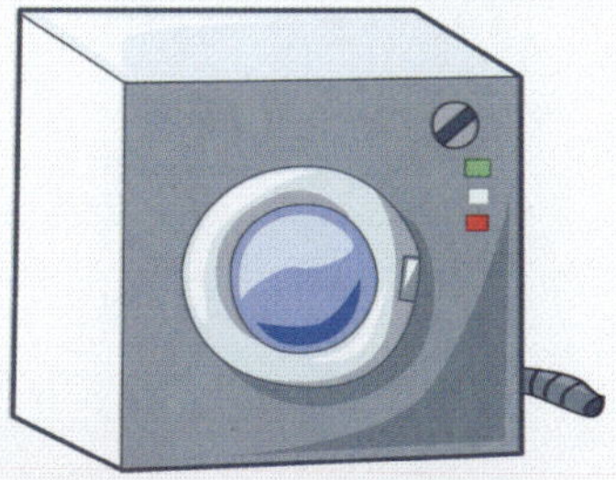

例句

This is an automatic washing machine.

这是一台全自动洗衣机。

magazine

[ˌmægə'ziːn]

zá zhì　qī kān

n. 杂志；期刊

例句

There is a picture of a pretty woman on the cover of the magazine.

杂志封面上是一位美丽女子的照片。

mail

[meil]

yóu jiàn　yóu jì

n. 邮件　v. 邮寄

衍生词

e-mail

diàn zǐ yóu jiàn

n. 电子邮件

mailbox

yóu xiāng

n. 邮箱

例句

Is there any mail today?

今天有邮件吗?

main

[mein]

zhǔ yào de

adj. 主要的

例句

Who is the main actor?

谁是主角?

make

[meik]

zuò zhì zào shǐ chéng
v. 做；制造；(使)成

wéi shǐ de
为；使得

例句

Benny made the baby cry.
班尼把婴儿弄哭了。

man

[mæn]

nán rén rén
n. 男人；人

men(复数形式)

例句

Who is the man?
那个男人是谁?

many

['meni]

xǔ duō de
adj. 许多的

xǔ duō rén xǔ duō
pron. 许多人；许多

例句

There are many people at the meeting.
会议上有很多人。

map

[mæp]

dì tú
n. 地图

例句

This is a map of China.
这是一幅中国地图。

March

[mɑːtʃ]

sān yuè

n. 三月

例句

Spring flowers grow well in March.

三月里，春花生长得很好。

mark

[mɑːk]

jì hào fēn shù

n. 记号；分数

biāo jì dǎ fēn

v. 标记；打分

例句

There is a mark on this tree.

这棵树上有个记号。

marry

[ˈmæri]

qǔ jià hé jié hūn

v. 娶；嫁；和……结婚

例句

Sam married Kate two years ago.

两年前萨姆和凯特结婚了。

mask

[mɑːsk]

miàn jù

n. 面具

例句

He wore a mask so that we didn't recognize him.

我们没有认出他，因为他带着面具。

match

[mætʃ]

huǒ chái　bǐ sài
n. 火柴；比赛

hé　xiāng pèi
v. 和……相配

例句

I am watching a basketball match.
我正在观看篮球比赛。

maths

[mæθs]

shù xué
n. 数学

例句

She is a maths teacher.
她是一名数学老师。

matter

['mætə]

shì qing　wèn tí　wù zhì
n. 事情；问题；物质

例句

What's the matter?
出了什么事？

May

[mei]

wǔ yuè
n. 五月

例句

We are going to Shenzhen in May.
五月份我们打算去深圳。

may

[mei]

kě néng kě yǐ yuàn

aux. 可能；可以；愿

例句

May I sit down?

我可以坐下吗?

maybe

[ˈmeibiː]

dà gài huò xǔ

adv. 大概；或许

例句

Maybe she is right.

或许她是对的。

me

[miː]

wǒ bīn gé

pron. 我（宾格）

例句

Please pass me the pen.

请把笔递给我。

meal

[miːl]

yì cān jìn cān

n. 一餐 v. 进餐

例句

This hotel provides good meals.

这个酒店供应可口的饭菜。

mean

[miːn]

yì si shì dǎ suàn
v. 意思是；打算

例句

What do you mean?
你的意思是什么？

meat

[miːt]

ròu ròu lèi
n. 肉；肉类

例句

There is some meat on the plate.
碟子上有一些肉。

medicine

['medisin]

yào yī xué
n. 药；医学

例句

Don't forget your medicine.
别忘了你的药。

meet

[miːt]

yù jiàn hé huì miàn
v. 遇见；和……会面

例句

Nice to meet you.
很高兴见到你。

meeting

['mi:tiŋ]

huì yì　jí huì
n. 会议；集会

例句

I will attend a meeting at five o'clock.
五点钟我将要参加一个会议。

memory

['meməri]

jì yì lì　huí yì
n. 记忆力；回忆

例句

The girl has a good memory.
那女孩记性很好。

menu

['menju:]

cài dān
n. 菜单

例句

Please bring me the menu.
请给我拿菜单。

merry

['meri]

huān lè de　yú kuài de
adj. 欢乐的；愉快的

例句

Merry Christmas!
圣诞快乐！

A B C D E F G H I J K L M N O P Q R S T U V W X Y Z

message

['mesidʒ]

xiāo xi　kǒu xìn
n. 消息；口信

例句

Any message for me?
有我的口信吗？

metal

['metl]

jīn shǔ
n. 金属

例句

The screw is made of metal.
这枚螺丝是由金属制成的。

metre

['mi:tə]

mǐ　cháng dù dān wèi
n. 米（长度单位）

例句

I am 1.68 metres tall.
我有 1.68 米高。

middle

['midl]

zhōng bù　zhōng jiān
n. 中部；中间

zhōng jiān de
adj. 中间的

例句

I sit in the middle of them.
我坐在他们中间。

milk

[milk]

rǔ niú nǎi jǐ nǎi
n. 乳；牛奶 v. 挤（奶）

例句

Cows give milk.
奶牛产牛奶。

mind

[maind]

tóu nǎo zhì lì jīng shén
n. 头脑；智力；精神

jiè yì zhào gù liú xīn
v. 介意；照顾；留心

例句

Mind your manners.
要注意礼貌。

mine

[main]

wǒ de
pron. 我的

例句

Which one is mine?
哪一个是我的？

minute

['minit]

fēn fēn zhōng piàn kè
n. 分；分钟；片刻；

yí shùn jiān
一瞬间

例句

Wait a minute.
等一会儿。

mirror

['mirə]

jìng zi
n. 镜子

例句

I can see myself in the mirror.
在镜子里我能看到我自己。

miss

[mis]

sī niàn cuò guò
v. 思念；错过

例句

I miss my sister.
我想念我姐姐。

mistake

[mis'teik]

cuò wù guò shī wù huì
n. 错误；过失；误会

例句

You made a mistake.
你犯错了。

modern

['mɔdən]

jìn dài de xiàn dài de
adj. 近代的；现代的；
shí máo de
时髦的

例句

Mobile phone is very useful in modern times.
移动电话在现代社会中很有用。

Monday
['mʌndi]

xīng qī yī
n. 星期一

例句

Oh,today is Monday.
噢，今天是星期一。

money
['mʌni]

huò bì qián jīn qián
n. 货币；钱；金钱

例句

Many people save money in banks.
很多人把钱存在银行。

monkey
['mʌŋki]

hóu zi
n. 猴子

例句

The monkey is in the tree.
猴子在树上。

month
[mʌnθ]

yuè
n. 月

例句

There are twelve months in a year.
一年有 12 个月。

moon

[muːn]

yuè qiú　yuè liang
n. 月球；月亮

例句

How bright the moon is tonight!
今晚的月亮多亮啊！

more

[mɔː]

gèng duō de
adj. 更多的

衍生词

most
dà duō shù de　zuì duō de
adj. 大多数的；最多的

例句

May I have some more bread?
我可以再多要点面包吗？

morning

[ˈmɔːniŋ]

zǎo chén　shàng wǔ
n. 早晨；上午

例句

Good morning!
早上好！

mother

[ˈmʌðə]

mǔ qīn　mā ma
n. 母亲；妈妈

衍生词

mum
mā ma　kǒu yǔ
n. 妈妈<口语>

例句

Failure is the mother of success.
失败乃成功之母。

mountain

['mauntin]

shān　shān mài

n. 山；山脉

例句

The mountain is covered with snow.
山上覆盖着积雪。

mouse

[maus]

shǔ

n. 鼠

mice (复数形式)

例句

Cats can catch mice.
猫会抓老鼠。

mouth

[mauθ]

kǒu　zuǐ

n. 口；嘴

例句

Open your mouth,please.
请张开嘴。

move

[muːv]

yí dòng　bù zhòu

n. 移动；步骤

yí dòng　lí kāi　gǎn dòng

v. 移动；离开；感动

例句

The Smiths are going to move.
史密斯一家正准备搬家。

movie

['muːvi]

n. 电影(diàn yǐng)；电影院(diàn yǐng yuàn)

例句

Let's go to the movie.
让我们去看电影吧。

Mr.=Mister

['mistə]

n. 先生(xiān sheng)

衍生词

Mrs.
n. 夫人(fū rén)，太太(tài tai)
Miss
n. 小姐(xiǎo jiě)

例句

That's Mr. Zhang.
那是张先生。

much

[mʌtʃ]

adv. 非常(fēi cháng)；很(hěn)
adj. 许多的(xǔ duō de)；大量的(dà liàng de)

例句

Thank you very much.
非常感谢。

museum

[mjuː'ziəm]

n. 博物館(bó wù guǎn)

例句

Guangdong Museum of Art
广东艺术博物馆

music

['mju:zik]

yīn yuè yuè qǔ
n. 音乐；乐曲

衍生词

musician
yīn yuè jiā
n. 音乐家

musical
yīn yuè de
adj. 音乐的

例句

I like music.
我喜欢音乐。

must

[mʌst]

yí dìng bì xū hěn kě néng
v. 一定；必须；很可能

例句

I must go home now.
我现在必须回家了。

my

[mai]

wǒ de
pron. 我的

例句

This is my desk.
这是我的书桌。

myself

[mai'self]

wǒ qīn zì wǒ zì jǐ
pron. 我亲自；我自己；

wǒ běn rén
我本人

例句

I'll do it by myself.
我打算自己做。

N n

nature

name

['neim]

n. 名字（míng zì）　v. 给（gěi）……取名（qǔ míng）

例句

My name is Janey.
我的名字叫珍妮。

nature

['neitʃə]

n. 自然（zì rán）

例句

I love nature.
我喜欢大自然。

naughty

['nɔːti]

adj. 顽皮的（wán pí de）

例句

You are a naughty boy.
你真是一个淘气鬼。

near

[niə]

adj. 近的（jìn de）　adv. 接近（jiē jìn）；几乎（jī hū）

prep. 在（zài）……附近（fù jìn）

例句

Do you live near the school?
你住在学校附近吗?

A B C D E F G H I J K L M **N** O P Q R S T U V W X Y Z

neck

[nek]

bó zi jǐng
n. 脖子；颈

衍生词
necklace
xiàng liàn
n. 项链

例句
He wore a scarf around his neck.
他在脖子上围了一条围巾。

need

[niːd]

bì xū xū qiú xū yào
n. 必需；需求 v. 需要

例句
Everyone needs water and food.
每个人都需要水和食物。

needle

[ˈniːdl]

zhēn
n. 针

例句
My grandma is handy with her needle.
我奶奶擅长针线活。

neighbour

[ˈneibə]

lín jū
n. 邻居

例句
Miss Green is my neighbour.
格林小姐是我的邻居。

nest

[nest]

n. 巢（cháo）；窝（wō）

例句

Every bird likes its own nest.
鸟爱巢，人爱家。

net

[net]

n. 网（wǎng）；网络（wǎng luò） adj. 净的（jìng de）

例句

The fisherman threw a net into the river.
渔夫将网撒进河里。

never

['nevə]

adv. 从不（cóng bù）；从未（cóng wèi）

例句

She has never saved money.
她从不存钱。

new

[njuː]

adj. 新的（xīn de）

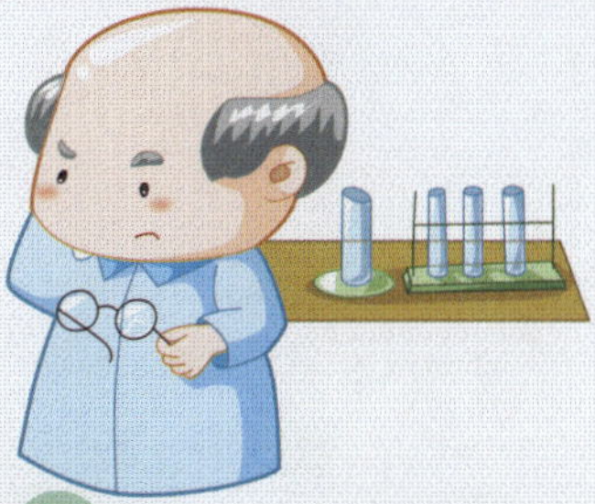

例句

Doctor Sun needs a new pair of glasses.
孙博士需要一副新眼镜。

news

[nju:z]

xīn wén xiāo xi
n. 新闻；消息

衍生词
newspaper
bào zhǐ
n. 报纸

例句

I have good news for you.
我给你带来好消息。

next

[nekst]

jǐn jiē de qí cì de
adj. 紧接的；其次的；
gé bì de
隔壁的

例句

What about next Monday?
下星期一怎么样？

nice

[nais]

měi hǎo de hé ǎi de
adj. 美好的；和蔼的；
lìng rén yú kuài de
令人愉快的

例句

Have a nice weekend!
祝你周末愉快！

night

[nait]

yè yè wǎn
n. 夜；夜晚

例句

Good night, Dad.
晚安，爸爸。

nine

[nain]

jiǔ
num. 九

衍生词

nineteen
shí jiǔ
num. 十九

ninety
jiǔ shí
num. 九十

例句

A cat has nine lives.
猫有九命。

no

[nəu]

bù　bú shì
adv. 不；不是

例句

No problem!
没问题！

noise

[nɔiz]

zào shēng　xuān nào shēng
n. 噪声；喧闹声

衍生词

noisy
xuān nào de
adj. 喧闹的

例句

Don't make so much noise.
别那么大声嚷嚷。

noodle

[ˈnuːdl]

miàn tiáo
n. 面条

例句

The delicious chicken noodle soup was eaten up.
美味的鸡肉面条汤被喝光了。

noon

[nuːn]

zhōng wǔ zhèng wǔ
n. 中午；正午

例句
The sun is high in the sky at noon.
正午日上中天。

normal

[ˈnɔːməl]

zhèng cháng zhuàng tài
n. 正常状态
zhèng cháng de biāo zhǔn de
adj. 正常的；标准的

例句
It's the normal price of a car.
这是一辆车的正常价格。

north

[nɔːθ]

běi běi fāng
n. 北；北方
běi fāng de
adj. 北方的

例句
It's cold in the north in winter.
冬天，北方很冷。

nose

[nəuz]

bí zi
n. 鼻子

例句
A dog has a good nose.
狗有一个好鼻子。

not

[nɔt]

adv. 不(bù)；没(méi)

例句

Not everyone likes music.
并不是每个人都喜欢音乐。

note

[nəut]

n. 笔记(bǐ jì)；便条(biàn tiáo)；票据(piào jù)

衍生词

notebook
n. 笔记簿(bǐ jì bù)，笔记本(bǐ jì běn)

notice
n. 通知(tōng zhī)，布告(bù gào)
v. 注意(zhù yì)

例句

Leave a note.
留张便条。

nothing

['nʌθiŋ]

pron. 没有东西(méi yǒu dōng xi)；没有事情(méi yǒu shì qing)

例句

There is nothing in the bag.
袋子里没有东西。

November

[nəu'vembə]

n. 十一月(shí yī yuè)

例句

It will be cold in November.
十一月会很冷的了。

now

[nau]

adv. 现在（xiàn zài）；马上（mǎ shàng）

例句

She is busy right now.
她现在很忙。

number

['nʌmbə]

n. 数（shù）；数字（shù zì）

例句

My lucky number is seven.
我的幸运数字是 7。

nurse

[nəːs]

n. 护士（hù shi）

例句

My sister is a nurse.
我姐姐是一名护士。

nut

[nʌt]

n. 坚果（jiān guǒ）

例句

It's hard to clack the nut open.
把坚果敲开是很难的。

O o

office

object

['ɔbdʒikt]

(n.) 物体(wù tǐ)；目标(mù biāo)

(v.) 反对(fǎn duì)；抗议(kàng yì)

例句

What is that green object?

那个绿色的物体是什么？

ocean

['əuʃ ən]

(n.) 海洋(hǎi yáng)

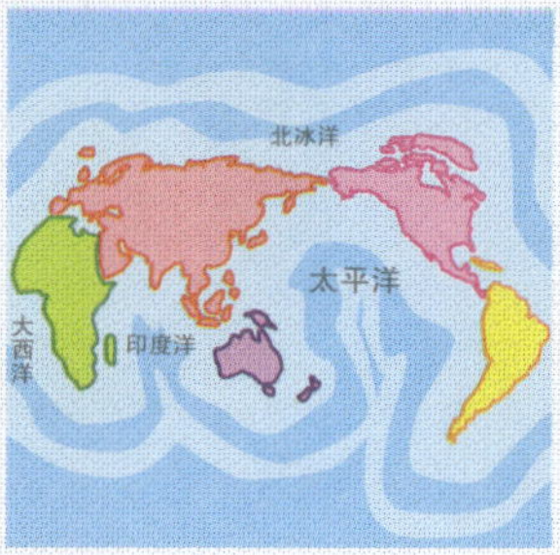

例句

There are four oceans in the world.

世界上有四大洋。

October

[ɔk'təubə]

(n.) 十月(shí yuè)

例句

October 1st is National Day.

10 月 1 日是国庆节。

of

[ɔv]

(prep.) 关于(guān yú)……的(de)；属于(shǔ yú)……的(de)

例句

This is a picture of my family.

这是我的一张全家福。

off

[ɔ:f]

adv. 离开（lí kāi）；完（wán）；（减）去（jiǎn qù）

prep. 从（cóng）……离开（lí kāi）

例句

Take off your coat.
脱下你的大衣吧。

office

['ɔfis]

n. 办公室（bàn gōng shì）

例句

I am at my office.
我在我的办公室。

officer

['ɔfisə]

n. 官员（guān yuán）；军官（jūn guān）

衍生词
official
adj. 官方的（guān fāng de）

例句

That is an officer.
那是一名军官。

often

['ɔ:fn]

adv. 经常（jīng cháng）

例句

It rains very often here in early summer.
在初夏，这里常常下雨。

oil

[ɔil]

yóu shí yóu

n. 油；石油

例句

I am interested in oil painting.
我对油画感兴趣。

old

[əuld]

nián lǎo de chén jiù de

adj. 年老的；陈旧的

例句

This is an old book.
这是一本旧书。

on

[ɔn]

zài zhī shàng

prep. 在……之上；

zài de shí kè guān yú

在……的时刻；关于

jì xù xià qù xiàng qián

adv. 继续下去；向前

例句

We got on the plane.
我们上了飞机。

once

[wʌns]

yí cì céng jīng

adv. 一次；曾经

例句

I have been to Egypt once.
我到过埃及一次。

one

[wʌn]

yī
num. 一

例句

One and one is two.
一加一等于二。

only

['əunli]

jǐn jǐn zhǐ
adv. 仅仅；只

wéi yī de dú yī wú èr de
adj. 唯一的；独一无二的

例句

You are only five.
你只有五岁。

open

['əupən]

kāi zhe de kāi kuò de
adj. 开着的；开阔的

dǎ kāi kāi shè
v. 打开；开设；

shǐ kāi kuò
（使）开阔

例句

Open the window,please.
请打开窗。

or

[ɔː,ə]

huò zhě hái shi fǒu zé
conj. 或者；还是；否则

例句

Will you have tea or coffee?
你想喝茶还是咖啡？

orange

['ɔrindʒ]

gān jú chéng chéng sè
n. 柑；橘；橙；橙色

chéng sè de
adj. 橙色的

例句

This orange is yours.
这橘子是你的。

order

['ɔːdə]

cì xù shùn xù
n. 次序；顺序；

mìng lìng dìng dān
命令；定单

例句

This is an order.
这是命令。

other

['ʌðə]

qí tā de lìng wài de
adj. 其他的；另外的

lìng wài de rén
pron. 另外的人

例句

Any other problems?
还有其他的问题吗?

our

['auə]

wǒ men de
pron. 我们的

衍生词

ourselves

wǒ men zì jǐ
pron. 我们自己

例句

Our classroom is clean.
我们的教室很干净的。

out

[aut]

adv. 在外(zài wài)；向外(xiàng wài)

例句

I want to go out for a walk.
我想到外面散散步。

outside

['aut'said]

prep. 在(zài)……外面(wài miàn)；向(xiàng)……外面(wài miàn)

例句

It's hot outside the house.
屋外很热。

over

['əuvə]

adv. 结束(jié shù)；越过(yuè guò)；在上方(zài shàng fāng)

prep. 在(zài)……之上(zhī shàng)

例句

The boy fell over on the ground.
那个男孩跌倒在地上了。

own

[əun]

adj. 自己的(zì jǐ de)　v. 拥有(yōng yǒu)

例句

I saw them with my own eyes.
我亲眼看见他们的。

P p

pack

pack

[pæk]

n. 包裹（bāo guǒ）；背包（bēi bāo）

v. 包装（bāo zhuāng）；整理（zhěng lǐ）

例句

Pack your bag.

收拾你的书包。

page

[peidʒ]

n. 页（yè）

例句

Turn to page four.

翻到第四页。

pain

[pein]

n. 疼（téng）；痛（tòng）

v. （使）（shǐ）痛苦（tòng kǔ）

例句

The woman feels a pain in the teeth.

那个女人感觉牙疼。

paint

[peint]

n. 油漆（yóu qī）；颜料（yán liào）

v. （用颜料等）（yòng yán liào děng）画（huà）；绘（huì）

例句

Wet paint.

油漆未干。

painting

['peintiŋ]

n. 绘画 (huì huà)；油画 (yóu huà)

例句

That is a famous painting.
那是一幅名画。

pair

[pɛə]

n. 一对 (yí duì)；一双 (yì shuāng)

例句

We play games in pairs.
我们两人一组玩游戏。

palace

['pælis]

n. 宫 (gōng)；宫殿 (gōng diàn)

例句

I go to the Children's Palace every weekend.
我每个周末都会去少年宫。

panda

['pændə]

n. 熊猫 (xióng māo)

例句

The panda is from China.
熊猫来自中国。

pants

[pænts]

n. duǎn kù 短裤；kù zi 裤子

例句

I got a new pair of pants.
我买了一条新裤子。

paper

['peipə]

n. zhǐ 纸

例句

She folded the paper to make a plane.
她用纸折了一个纸飞机。

pardon

['pa:dn]

n.&v. yuán liàng 原谅；kuān shù 宽恕

例句

I beg your pardon.
对不起（请你把刚说的话重复一遍）。

parent

['pɛərənt]

n. shuāng qīn 双亲；fù 父（huò mǔ 或母）

例句

My parents are both doctors.
我的父母亲都是医生。

A B C D E F G H I J K L M N O P Q R S T U V W X Y Z

park

[pa:k]

gōng yuán　　tíng fàng
n. 公园　　v. 停放

例句

No parking!
禁止停车！

parrot

[ˈpærət]

yīng wǔ
n. 鹦鹉

例句

Look at the parrot.It can talk.
看那只鹦鹉。它可以说话呢。

part

[pa:t]

bù fen　　líng jiàn
n. 部分；零件

例句

My brother played a part in the play.
我的弟弟在那个戏剧中扮演一个角色。

party

[ˈpa:ti]

dǎng pài　　jù huì
n. 党派；聚会

例句

There is a party tonight.
今晚有一个聚会。

pass

[pɑːs]

tōng guò jīng guò
v. 通过；经过

例句

I passed the exam.
我通过了考试。

passenger

[ˈpæsindʒə]

chéng kè lǚ kè
n. 乘客；旅客

例句

There are many passengers on the train.
火车上有很多乘客。

past

[pɑːst]

guò qù de
adj. 过去的

yuè guò wǎn yú
prep. 越过；晚于

例句

It's half past eleven.
现在是十一点半。

patient

[ˈpeiʃənt]

bìng rén huàn zhě
n. 病人；患者

yǒu nài xīn de
adj. 有耐心的

例句

The patient is getting better.
那位患者正渐渐好转。

pay

[pei]

xīn shuǐ　gōng zī　zhī fù

(n.) 薪水；工资　(v.) 支付

例句

I paid 20 yuan for the book.

我花了 20 元买这本书。

peace

[piːs]

hé píng　ān xiáng

(n.) 和平；安详

例句

The people in the world love peace.

世界人民热爱和平。

peach

[piːtʃ]

táo zi

(n.) 桃子

例句

Monkeys like to eat peaches.

猴子喜欢吃桃子。

peanut

['piːnʌt]

huā shēng

(n.) 花生

例句

I would like toast with peanut butter.

我喜欢烤面包片涂花生酱。

pear

[pɛə]

n. 梨子 (lí zi)

例句

There is a pear tree in the yard.
院子里有一棵梨树。

peasant

['pezənt]

n. 农民 (nóng mín)

例句

Her grandfather was a peasant.
她的爷爷以前是农民。

pen

[pen]

n. 钢笔 (gāng bǐ)

例句

I couldn't find my pen.
我找不到我的钢笔了。

pencil

['pensl]

n. 铅笔 (qiān bǐ)

衍生词

pencil box

n. 铅笔盒 (qiān bǐ hé)

例句

You need to sharpen this pencil.
你需要削尖这支铅笔了。

penguin

['peŋgwin]

n. 企鹅 (qǐ é)

例句

Penguins live in the Antarctic.
企鹅生活在南极地区。

people

['pi:pl]

n. 人；人们；民族 (rén; rén men; mín zú)

例句

There are three people in my family.
我家有三口人。

percent

[pə'sent]

n. 百分比 (bǎi fēn bǐ)

例句

I believe him 100 pecent.
我百分之一百相信他。

perfect

['pə:fikt]

adj. 完美的；完善的 (wán měi de; wán shàn de)

v. （使）完美 (shǐ wán měi)

例句

Practice makes perfect.
熟能生巧。

perhaps

[pə'hæps]

adv. 或许 (huò xǔ)

例句

Perhaps it will rain.
可能会下雨。

person

['pəːsn]

n. 人；身体 (rén; shēn tǐ)

例句

Doctor Yang is a young person.
杨医生是一个年轻人。

pet

[pet]

n. 宠物 (chǒng wù)

adj. 宠爱的 (chǒng ài de)

例句

Many people like to keep pets.
许多人喜欢养宠物。

photo

['fəutəu]

n. 照片 (zhào piàn)

例句

Let's pose for a group photo.
我们摆好姿势拍张合照吧。

piano

[pi'ænəu]

gāng qín

n. 钢琴

例句

The piano is out of tune.

钢琴走调了。

pick

[pik]

zhāi shí qǔ

v. 摘；拾取

例句

The girl is picking apples.

那女孩正在摘苹果。

picnic

['piknik]

yě cān

n. 野餐

例句

Let's go for a picnic.

让我们去野餐吧。

picture

['piktʃə]

huà tú huà zhào piàn

n. 画；图画；照片

例句

I have a picture book.

我有一本图画书。

pie

[pai]

xiàn bǐng
n. 馅饼

例句

Do you like apple pie?
你喜欢苹果馅饼吗?

piece

[piːs]

kuài jiàn piàn
n. 块；件；片

例句

The glass has been broken into pieces.
玻璃杯被摔得粉碎。

pig

[pig]

zhū
n. 猪

例句

This pig is so fat.
这只猪很肥。

pillow

[ˈpiləu]

zhěn tou
n. 枕头

例句

My pillow is very soft.
我的枕头非常柔软。

pilot

['pailət]

(n.) 飞行员 (fēi xíng yuán)

例句

Lily wants to be a pilot.
莉莉想成为一名飞行员。

pin

[pin]

(n.) 大头针；别针 (dà tóu zhēn; bié zhēn)

(v.) 钉住；压住 (dìng zhù; yā zhù)

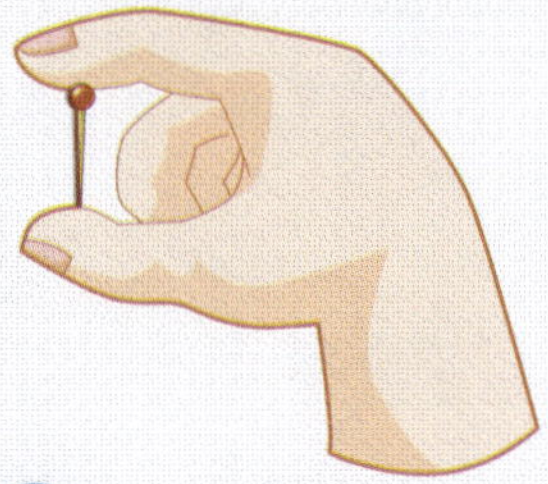

例句

This pin is very small.
这个大头针非常小。

pine

[pain]

(n.) 松；松树 (sōng; sōng shù)

例句

The mountain is covered with pine trees.
山上长满了松树。

pink

[piŋk]

(n.) 粉红色 (fěn hóng sè) (adj.) 粉红色的 (fěn hóng sè de)

例句

Many girls like pink.
许多女孩喜欢粉红色。

pioneer

[ˌpaiəˈniə]

xiān fēng xiān qū
n. 先锋；先驱

kāi pì
v. 开辟

例句

They are the pioneers in space.
他们是探索太空的先锋。

pity

[ˈpiti]

tóng qíng kě lián
n.&v. 同情；可怜

例句

What a pity!
真可怜！

pizza

[ˈpiːtsə]

bǐ sà bǐng
n. 比萨饼

例句

I'm keen on pizza.
我喜欢比萨饼。

place

[pleis]

dì fang dì diǎn fàng zhì
n. 地方；地点 v. 放置

例句

Place the box on the table.
把箱子放在桌子上。

plan

[plæn]

n. 计划；设计图 (jì huà; shè jì tú)

v. 计划；打算 (jì huà; dǎ suàn)

例句

What is your plan?

你的计划是什么？

plane

[plein]

n. 飞机 (fēi jī)

例句

Are you going by plane?

你打算坐飞机去吗？

plant

[plaːnt]

n. 植物 (zhí wù)　v. 种植 (zhòng zhí)

例句

Most plants need water.

大多数的植物需要水。

plate

[pleit]

n. 盘子 (pán zi)

例句

He heaped his plate with fruit.

他在盘子里盛满了水果。

play

[plei]

jù běn　yóu xì
n. 剧本；游戏

wán　bàn yǎn
v. 玩；扮演

衍生词

player

bǐ sài xuǎn shǒu　yǎn yuán
n. 比赛选手；演员

例句

The boys are playing football.
男孩们正在踢足球。

playground

['pleigraund]

yùn dòng chǎng　cāo chǎng
n. 运动场；操场

例句

They are taking exercise on the playground.
他们正在操场上锻炼。

please

[pli:z]

qǐng　shǐ　gāo xìng
v. 请；(使)高兴

mǎn zú de
adj. 满足的

衍生词

pleased

gāo xìng de
adj. 高兴的

例句

Sit down,please.
请坐。

pocket

['pɔkit]

yī dài　kǒu dài
n. 衣袋；口袋

例句

She put many candies in her pocket.
她放了很多糖果在她的口袋里。

point

[pɔint]

diǎn fēn shù guān diǎn
n. 点；分数；观点

zhǐ zhǐ xiàng
v. 指，指向

例句

The little boy pointed the wrong way.
小男孩指错路了。

police

[pə'liːs]

jǐng chá jǐng wù rén yuán
n. 警察；警务人员

衍生词

policeman
jǐng chá
n. 警察

police station
jǐng chá jú
n. 警察局

例句

There are several police in the car.
有几个警察在警车里。

polite

[pə'lait]

yǒu lǐ mào de kè qi de
n. 有礼貌的；客气的

例句

You should be polite to others.
你应当对人有礼貌。

pool

[puːl]

chí
n. 池

例句

The swimming pool is so big.
这个游泳池很大。

poor

[puə]

pín qióng de　kě lián de
adj. 贫穷的；可怜的

例句

The poor boy has no friends.
那个可怜的男孩没有朋友。

popular

[ˈpɔpjulə]

liú xíng de　shòu huān yíng de
adj. 流行的；受欢迎的

例句

This hair style is very popular.
这个发型很流行。

pork

[pɔːk]

zhū ròu
n. 猪肉

例句

Would you like pork or beef?
你想要猪肉还是牛肉?

port

[pɔːt]

gǎng kǒu　mǎ tou
n. 港口；码头

例句

The ship has just arrived at the port.
轮船刚到达码头。

possible

['pɔsəbl]

kě néng de
adj. 可能的

例句

It is possible.
这是可能的。

post

[pəust]

yóu zhèng　yóu jiàn
n. 邮政；邮件

yóu jì　zhāng tiē
v. 邮寄；张贴

衍生词

postcard
míng xìn piàn
n. 明信片

postman
yóu dì yuán
n. 邮递员

例句

Post the letter, please.
请把信寄出去。

potato

[pə'teitəu]

mǎ líng shǔ
n. 马铃薯

例句

We ate a lot of potatoes.
我们吃了很多马铃薯。

power

['pauə]

lì liàng　quán lì
n. 力量；权力

例句

He did everything in his power.
他尽了自己所有的力量。

practice

[ˈpræktis]

shí jiàn　liàn xí
n.&v. 实践；练习

例句

You need more practice.
你需要多加练习。

praise

[preiz]

zàn měi　zàn yáng
n.&v. 赞美；赞扬

例句

People praised her.
人们表扬了她。

prepare

[priˈpɛə]

zhǔn bèi　yù bèi
v. 准备；预备

例句

She has prepared for class.
她已经预习了功课。

present

[ˈpreznt]

zèng pǐn　lǐ wù
n. 赠品；礼物

jiè shào　chéng xiàn
v. 介绍；呈现

例句

I received a birthday present.
我收到了一份生日礼物。

pretty

['priti]

piào liang de kě ài de
adj. 漂亮的；可爱的

例句

She looks pretty in the new dress.
她穿上新裙子很好看。

price

[prais]

jià gé jià qián
n. 价格；价钱

例句

What is the price of this pen?
这支钢笔多少钱?

primary

['praiməri]

chū jí de
adj. 初级的

例句

I am a primary school pupil.
我是一名小学生。

prince

['prins]

wáng zǐ
n. 王子

衍生词
princess
gōng zhǔ
n. 公主

例句

The prince is very handsome.
王子非常英俊。

problem

['prɔbləm]

wèn tí　nán tí
n. 问题；难题

例句

Let's solve the problem together.
让我们一起解决这个问题吧。

professor

[prə'fesə]

jiào shòu
n. 教授

例句

Our professor is giving a speech.
我们的教授正在演讲。

program

['prəugræm]

jié mù　chéng xù　jì huà
n. 节目；程序；计划

guī huà
v. 规划

例句

I like watching the TV program of entertainment.
我喜欢看娱乐表演的电视节目。

proud

[praud]

zì háo de　jiāo ào de
n. 自豪的；骄傲的；

ào màn de
傲慢的

例句

I am proud of you.
我真为你感到骄傲。

public

['pʌblik]

gōng zhòng
n. 公众

例句

The library is open to the public.
图书馆对公众开放。

pull

[pul]

lā tuō
n.&v. 拉；拖

例句

The girl pulled the door.
那女孩拉开门。

pumpkin

['pʌmpkin]

nán guā
n. 南瓜

例句

I like eating pumpkin pie.
我喜欢吃南瓜馅饼。

pupil

['pju:pl]

xué sheng xiǎo xué shēng
n. 学生；小学生

例句

She is an apt pupil.
她是个聪明的学生。

purple

['pə:pl]

n. 紫色 (zǐ sè)　adj. 紫色的 (zǐ sè de)

例句

The dress is purple.
那条裙子是紫色的。

push

[puʃ]

n. 推；推动 (tuī; tuī dòng)

v. 推；推动；按(钮) (tuī; tuī dòng; àn niǔ)

例句

Don't push that button.
别按那个按钮。

put

[put]

v. 放；摆 (fàng; bǎi)

例句

Put your book on the desk.
把你的书放在桌上。

puzzle

['pʌzl]

n. 难题；谜；拼图 (nán tí; mí; pīn tú)

v. 迷惑 (mí huò)

例句

The jigsaw puzzle is interesting.
拼图游戏很有趣。

Q q

queue

quarter

[ˈkwɔːtə]

sì fēn zhī yī　yí kè zhōng
n. 四分之一；一刻钟；
shí wǔ fēn zhōng
十五分钟

例句

It's a quarter past five.
现在是 5 点 15 分。

queen

[kwiːn]

wáng hòu　nǚ wáng
n. 王后；女王

例句

People call her movie queen.
人们叫她影后。

question

[ˈkwestʃən]

wèn tí　xún wèn
n. 问题　v. 询问

例句

May I ask you a question?
我可以问你一个问题吗?

queue

[kjuː]

duì wǔ
n. 队伍

例句

They stand in a queue.
他们站成长队。

quick

[kwik]

kuài de xùn sù de
adj. 快的；迅速的

例句

The lady is a quick worker.
那位女士是一个干活的快手。

quiet

['kwaiət]

jìng zhǐ de ān jìng de
adj. 静止的；安静的

例句

Be quiet,please.
请安静。

quilt

[kwilt]

mián bèi bèi zi
n. 棉被；被子

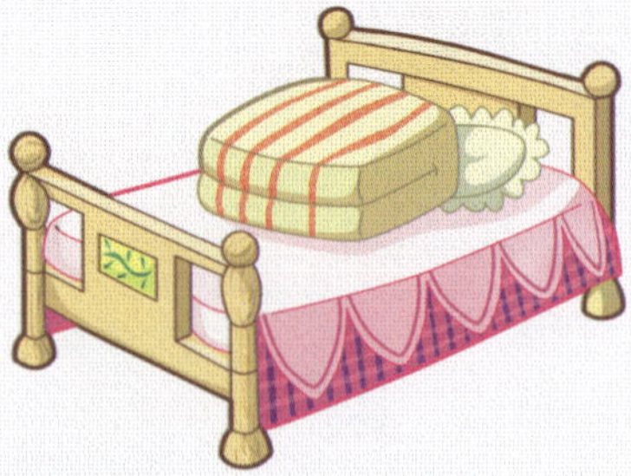

例句

There is a new quilt on the bed.
床上有一床新被子。

quite

[kwait]

xiāng dāng shí fēn
adv. 相当；十分

例句

It's quite dry in summer here.
这里夏天十分干燥。

R r

racket

rabbit

['ræbit]

tù zi
n. 兔子

例句

The rabbit runs fast.
兔子跑得飞快。

race

[reis]

bǐ sài jìng sài
n. 比赛；竞赛

例句

That's a racing car.
那是一辆赛车。

racket

['rækit]

wǎng qiú děng qiú pāi
n. （网球等）球拍

例句

Do you have a tennis racket?
你有网球拍吗？

radio

['reidiəu]

shōu yīn jī
n. 收音机

例句

I am listening to the radio.
我正在听收音机。

railway

['reilwei]

tiě lù
n. 铁路

例句

It's a very busy railway station.
这是一个十分繁忙的火车站。

rain

[rein]

yǔ
n. 雨

xià yǔ
v. 下雨

衍生词

rainbow
cǎi hóng
n. 彩虹

rainy
xià yǔ de
adj. 下雨的

例句

It's raining.
天正在下雨。

raise

[reiz]

jǔ qǐ
v. 举起

例句

There was a flag raising ceremony in the morning.
早上有个升旗仪式。

reach

[riːtʃ]

dào dá dǐ dá
v. 到达；抵达

例句

I reach school at seven every day.
我每天 7 点钟到达学校。

read

[ri:d]

dú yuè dú
v. 读；阅读

例句

He is reading a newspaper.
他正在看报纸。

ready

['redi]

yǒu zhǔn bèi de
adj. 有准备的

例句

Are you ready?
你们准备好了吗？

really

['riəli]

zhēn zhèng de
adv. 真正地；
zhēn de ma biǎo yǔ qì
真的吗？(表语气)

例句

Is that really necessary?
有必要那样做吗？

reason

['ri:zn]

yuán yīn lǐ yóu
n. 原因；理由

例句

Can you tell me the reason?
能告诉我原因吗？

recently

['riːsəntli]

zuì jìn jìn lái
adv. 最近；近来

例句

How are you recently?
你最近好吗？

recorder

[ri'kɔːdə]

lù yīn jī
n. 录音机

例句

How did you get this old recorder?
你是怎样得到这台老式录音机的？

rectangle

['rektæŋgl]

cháng fāng xíng
n. 长方形

例句

First，draw a rectangle.
首先，画一个长方形。

red

[red]

hóng sè hóng sè de
n. 红色 adj. 红色的

例句

This is a red star.
这是一颗红星。

remember

[ri'membə]

v. 记得 (jì de)

例句

I remember seeing her once.

我记得曾见过她一次。

repair

[ri'pɛə]

v. 修理 (xiū lǐ)

例句

I am repairing my bike.

我正在修自行车。

repeat

[ri'pi:t]

v. 重复 (chóng fù)

例句

Can you repeat what I said?

你能重复我说的话吗?

report

[ri'pɔ:t]

n.&v. 报告 (bào gào)

例句

It will rain tomorrow according to the weather report.

天气报告说明天将会下雨。

rest

[rest]

xiū xi
n.&v. 休息

例句

Take a rest.
休息一会儿。

restaurant

['restə,rɑnt]

cān guǎn fàn diàn
n. 餐馆；饭店

例句

Is there a restaurant near here?
这附近有饭店吗？

result

[ri'zʌlt]

jié guǒ
n. 结果

fā shēng dǎo zhì
v. 发生；导致

例句

What is the result of the game?
比赛的结果怎样？

return

[ri'tə:n]

guī huán huí lái
n.&v. 归还；回来

例句

I will return the book to the library.
我要把书送还图书馆。

rice

[rais]

dào mǐ mǐ fàn

n. 稻；米；米饭

例句

Oh, the rice tastes burnt.
噢，饭有焦的味道。

rich

[ritʃ]

fù yǒu de fēng fù de

adj. 富有的；丰富的

例句

The man is rich.
那个男人很富有。

ride

[raid]

qí chéng zuò

n.&v. 骑；乘；坐

例句

I can ride a horse.
我会骑马。

right

[rait]

duì de yòu biān de

adj. 对的；右边的

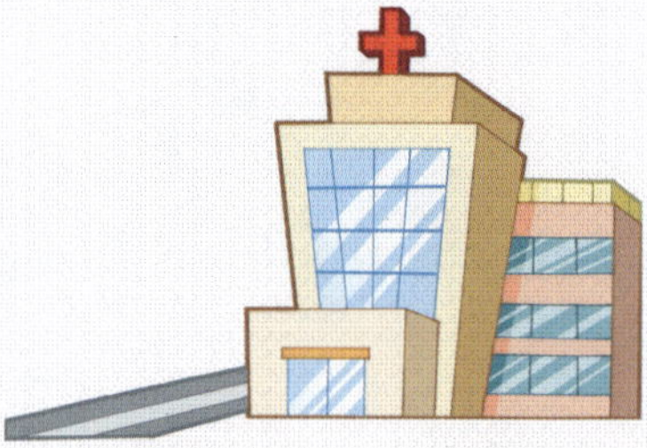

例句

The hospital is on the right.
医院在路的右边。

ring

[riŋ]

zhǐ huán　huán xíng wù

n. 指环；环形物

míng　xiǎng

v. 鸣；响

例句

Mrs. Smith lost her diamond ring.

史密斯太太把钻石戒指弄丢了。

river

['rivə]

hé　jiāng

n. 河；江

例句

Pearl River is clean and beautiful now.

现在的珠江干净又漂亮。

road

[rəud]

dào lù　gōng lù

n. 道路；公路

例句

Take this road,please.

请走这条路。

robot

['rəubɔt]

jī qì rén

n. 机器人

例句

He fixed the robot's hand.

他把机器人的手修好了。

rock

[rɔk]

yán shí shí tou
n. 岩石；石头

例句

The rock is rolling down the hill.
石头正从山上滚下来。

rocket

[ˈrɔkit]

huǒ jiàn
n. 火箭

例句

We're making a paper rocket.
我们在做一枚纸火箭。

roof

[ruːf]

wū dǐng fáng dǐng
n. 屋顶；房顶

例句

Come down,don't stay on the roof!
下来，别在屋顶上逗留！

room

[ruːm]

fáng jiān kōng jiān
n. 房间；空间

例句

That's your room.
那是你的房间。

rope

[rəup]

n. 绳索 (shéng suǒ)

例句

This rope is very tough.
这条绳索很坚固。

rose

[rəuz]

n. 玫瑰 (méi gui)；玫瑰红 (méi gui hóng)

例句

This rose is for you.
这朵玫瑰是给你的。

round

[raund]

n. 圆 (yuán)；圆形物 (yuán xíng wù)

adj. 圆的 (yuán de)；球形的 (qiú xíng de)

例句

I have a round face.
我有一张圆脸。

row

[rəu]

n. 排 (pái)；行 (háng)　v. 划(船) (huá chuán)

例句

Let's row a boat.
让我们划船吧。

rubber

['rʌbə]

n. 橡皮(xiàng pí)；橡胶(xiàng jiāo)

例句

The kitten likes to play with the rubber ball.

小猫喜欢玩这个橡皮球。

ruler

['ruːlə]

n. 统治者(tǒng zhì zhě)；尺子(chǐ zi)

例句

I need a ruler.

我需要一把尺子。

run

[rʌn]

v. 跑(pǎo)；跑步(pǎo bù)

例句

They're running.

他们正在跑步。

rush

[rʌʃ]

n.&v. 冲(chōng)；奔跑(bēn pǎo)

例句

I am in a rush.

我赶时间。

S s

safe

sad

[sæd]

yōu chóu de　bēi āi de

adj. 忧愁的；悲哀的

例句

It is a sad news.
这是一个令人悲伤的消息。

safe

[seif]

bǎo xiǎn xiāng

n. 保险箱

ān quán de

adj. 安全的

衍生词

safeness

píng ān

n. 平安

safely

píng ān de

adv. 平安地

例句

Have a safe trip home!
祝你一路平安!

sail

[seil]

fān　péng

n. 帆；篷

háng xíng　qǐ háng

v. 航行；启航

衍生词

sailor

hǎi yuán　shuǐ shǒu

n. 海员；水手

例句

They will set sail for Germany.
他们将启航赴德国。

salad

['sæləd]

sè lā　liáng bàn cài

n. 色拉；凉拌菜

例句

I want a fruit salad.
我要一份水果沙拉。

salt

[sɔːlt]

n. 食盐（shí yán）

例句

The noodles need some salt.

面条需要放点盐。

same

[seim]

adj. 同一的（tóng yī de）；相同的（xiāng tóng de）

例句

They wear the same T-shirt.

他们穿同一款 T 恤。

sand

[sænd]

n. 沙子（shā zi）；沙滩（shā tān）

例句

The children are playing on the sands.

孩子们正在沙滩上玩。

sandwich

[ˈsænwidʒ]

n. 三明治（sān míng zhì）

例句

Tommy has got a sandwich for lunch.

汤米吃了一个三明治当午餐。

Saturday

['sætədi]

n. 星期六 (xīng qī liù)

例句

Today is Saturday.
今天是星期六。

save

[seiv]

v. 储蓄 (chǔ xù)；挽救 (wǎn jiù)；节省 (jié shěng)

例句

The doctor saved her.
医生救了她。

say

[sei]

v. 说 (shuō)；讲 (jiǎng)

例句

What did you say?
你说了什么？

scarf

[skaːf]

n. 围巾 (wéi jīn)

例句

The boy is wearing a scarf.
那男孩戴着一条围巾。

school

[sku:l]

xué xiào
n. 学校

例句

Where is your school?
你的学校在哪里？

science

['saiəns]

kē xué
n. 科学

衍生词
scientist
kē xué jiā
n. 科学家

例句

Science is my favourite subject.
科学是我最喜欢的科目。

scissors

['sizəz]

jiǎn dāo
n. 剪刀

例句

It is a pair of scissors.
这是一把剪刀。

sea

[si:]

dà hǎi
n. 大海

例句

The sea journey really took a long time.
这次海上旅行的确花了很长时间。

seal

[si:l]

n. 海豹 (hǎi bào)

例句

Do you know seals?
你了解海豹吗?

season

['si:zn]

n. 季节 (jì jié)

例句

There are four seasons in a year.
一年有四季。

seat

[si:t]

n. 座；座位 (zuò; zuò wèi)

例句

Take a seat, please.
请坐。

second

['sekənd]

n. 秒 (miǎo)　num. 第二 (dì èr)

adj. 第二的；次要的 (dì èr de; cì yào de)

例句

There are sixty seconds in a minute.
一分钟有六十秒。

see

[siː]

kàn jiàn　lǐ jiě
v. 看见；理解

例句

Can you see me?
你能看见我吗?

sell

[sel]

chū shòu　mài
v. 出售；卖

例句

I want to sell my car.
我想卖我的车。

send

[send]

jì　fā sòng　pài qiǎn
v. 寄；发送；派遣

例句

Benny wants to send Tom a Christmas card.
班尼想给汤姆寄一张圣诞卡。

sentence

['sentəns]

jù zi　pàn jué
n. 句子；判决

xuān pàn　pàn jué
v. 宣判；判决

例句

Tom can't understand these sentences.
汤姆不懂这些句子。

A B C D E F G H I J K L M N O P Q R S T U V W X Y Z

September

[səp'tembə]

n. jiǔ yuè 九月

例句

The autumn term starts in September.
秋季学期从九月份开始。

serious

['siəriəs]

adj. yán zhòng de 严重的；yán sù de 严肃的；zhòng dà de 重大的

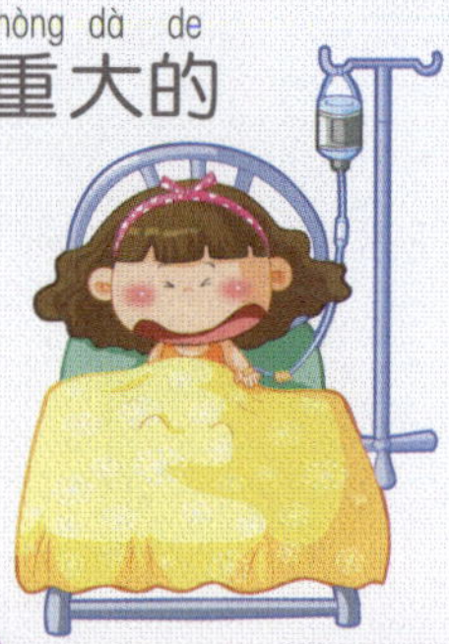

例句

Is it serious?
病很严重吗?

serve

[sə:v]

n. fú wù 服务

v. zhāo dài 招待；wèi 为……fú wù 服务

例句

Dinner is served.
饭菜已准备好了。

seven

['sevən]

num. qī 七

衍生词

seventeen num. shí qī 十七

seventy num. qī shí 七十

例句

There are seven days in a week.
一周有七天。

shade

[ʃeid]

shù yīn　yīn liáng chù

n. 树荫；阴凉处

例句

Keep it in the shade.

把它放在阴凉处。

shall

[ʃæl]

jiāng yào　huì

v. 将要；会

例句

Shall we go now?

我们可以走了吗？

shame

[ʃeim]

xiū kuì　cán kuì

n. 羞愧；惭愧

例句

He felt shame after he broke the window.

他打烂了窗户后感到很惭愧。

shape

[ʃeip]

xíng zhuàng　tú xíng

n. 形状；图形

例句

What shape is it?

这是什么形状？

A B C D E F G H I J K L M N O P Q R S T U V W X Y Z

share

[ʃεə]

v. 分享(fēn xiǎng)；分配(fēn pèi)

例句

You may share the cake together.

你们可以一起分享那块蛋糕。

shark

[ʃɑːk]

n. 鲨鱼(shā yú)

例句

What a big shark!

鲨鱼真大！

sharp

[ʃɑːp]

adj. 锐利的(ruì lì de)；锋利的(fēng lì de)；敏锐的(mǐn ruì de)

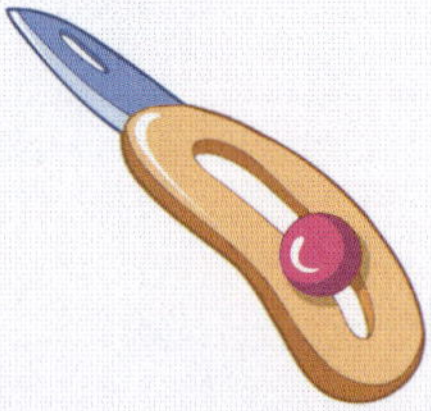

例句

The knife is sharp.

这把小刀很锋利。

she

[ʃiː]

pron. 她(tā)

例句

She is a dancer.

她是一名舞蹈演员。

sheep

[ʃiːp]

yáng　mián yáng
n. 羊；绵羊

sheep (复数形式)

例句

Two sheep are over there.
那边有两只绵羊。

shelf

[ʃelf]

jià zi
n. 架子

例句

Can you reach the top shelf?
你能够探到最顶层吗?

shine

[ʃain]

zhào yào　fā liàng
v. 照耀；发亮

例句

The sun is shining.
阳光灿烂。

ship

[ʃip]

lún chuán
n. 轮船

例句

I am going to Hainan by ship.
我打算乘船去海南。

shirt

[ʃəːt]

chèn shān
n. 衬衫

例句
My shirt is white.
我的衬衫是白色的。

shoe

[ʃuː]

xié zi
n. 鞋子

例句
Jack took off his shoes.
杰克脱了他的鞋。

shoot

[ʃuːt]

shè jī pāi shè
v. 射击；拍摄

例句
The hunter shot a bird.
猎人打了一只小鸟。

shop

[ʃɔp]

shāng diàn
n. 商店

dào shāng diàn mǎi dōng xi
v. 到商店买东西

衍生词
shopkeeper
diàn zhǔ
n. 店主

例句
Let's go shopping.
我们去买东西吧。

short

[ʃɔːt]

adj. 短的（duǎn de）；矮的（ǎi de）

例句

Mr. Li is a short man.
李先生是个矮个子。

should

[ʃud]

v. 应该（yīng gāi）；将要（jiāng yào）

例句

What should I do?
我该怎么办？

shoulder

[ˈʃəuldə]

n. 肩（jiān）；肩部（jiān bù）

例句

Touch your shoulder.
摸摸你的肩。

shout

[ʃaut]

n.& v. 呼喊（hū hǎn）；喊叫（hǎn jiào）

例句

The woman is shouting at the man.
那妇女正冲着那男人大喊。

show

[ʃəu]

biǎo shì　zhǎn lǎn
(n.) 表示；展览

chū shì　zhǐ shì
(v.) 出示；指示

例句

Show me your book.
给我看看你的书。

shut

[ʃʌt]

guān shàng　guān bì　fēng bì
(v.) 关上；关闭；封闭

例句

Shut the door,please.
请关门。

shy

[ʃai]

hài xiū de
(adj.) 害羞的

例句

The boy is shy.
那男孩很害羞。

sick

[sik]

bìng rén
(n.) 病人

yǒu bìng de　jí bù yú kuài de
(adj.) 有病的；极不愉快的

例句

Doctor Sun is sick.
孙博士病了。

side

[said]

biān páng biān miàn

n. 边；旁边；面

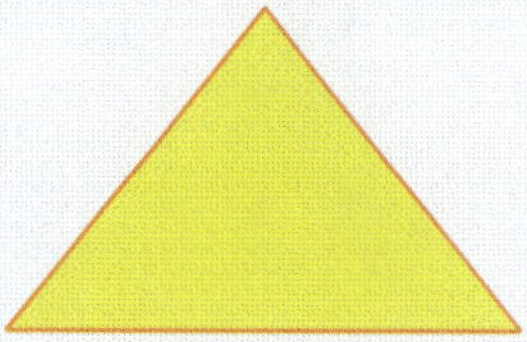

例句

A triangle has three sides.
三角形有三条边。

sign

[sain]

biāo jì fú hào

n. 标记；符号

qiān míng

v. 签名

例句

Sign here.
在这儿签名。

silent

['sailənt]

jì jìng de chén mò de

adj. 寂静的；沉默的

例句

Keep silent, she is sleeping.
保持安静，她在睡觉。

silly

['sili]

yú chǔn de wú liáo de

adj. 愚蠢的；无聊的

例句

Don't be silly.
别傻了。

A B C D E F G H I J K L M N O P Q R S T U V W X Y Z

simple

['simpl]

jiǎn dān de　jiǎn pǔ de

adj. 简单的；简朴的

例句

This is a simple question.

这是一个简单的问题。

since

[sins]

cóng　yǐ hòu

prep. 从……以后

cóng nà yǐ hòu

adv. 从那以后

例句

I know him since I was 10 years old.

我从十岁开始就认识他。

sing

[siŋ]

chàng　yǎn chàng

v. 唱；演唱

衍生词

singer

gē shǒu

n. 歌手

例句

Tommy likes singing.

汤米喜欢唱歌。

sir

[səː]

xiān sheng　gé xià

n. 先生；阁下

例句

Excuse me, sir.

打扰一下，先生。

sister

[sistə]

(n.) 姐妹 (jiě mèi)

例句

She's like a sister to me.
她就像我的姐妹一样。

sit

[sit]

(v.) 坐；就座 (zuò; jiù zuò)

例句

I sit next to Mary.
我坐在玛丽旁边。

six

[siks]

(num.) 六 (liù)

衍生词

sixteen (num.) 十六 (shí liù)

sixty (num.) 六十 (liù shí)

例句

The insect has six legs.
这只昆虫有六只脚。

size

[saiz]

(n.) 大小；尺寸 (dà xiǎo; chǐ cùn)

例句

I take size 6 shoes.
我穿 6 码的鞋。

skate

[skeit]

liū hàn bīng
v. 溜（旱）冰

例句

They are skating.
他们正在溜冰。

ski

[skiː]

huá xuě
v. 滑雪

例句

Let's go skiing.
我们去滑雪吧。

skill

[skil]

jì qiǎo jì yì
n. 技巧；技艺；
jì shù jì néng
技术；技能

例句

Benny has skill in singing.
班尼懂得唱歌的技巧。

skin

[skin]

pí fū
n. 皮肤

例句

My skin tans easily.
我的皮肤很容易晒黑。

skirt

[skəːt]

duǎn qún
n. 短裙

例句

I prefer dress to skirt.
我喜欢连衣裙多于短裙。

sky

[skai]

tiān tiān kōng
v. 天；天空

例句

After rainning, we saw a rainbow in the sky.
雨后，我们在天空中看到一道彩虹。

sleep

[sliːp]

shuì jiào shuì mián
n.&v. 睡觉；睡眠

衍生词
sleepy
kùn de
adj. 困的

例句

I didn't sleep well last night.
我昨晚没睡好。

slide

[slaid]

huá tī
n. 滑梯

huá xíng huá dòng
v. 滑行；滑动

例句

The child on the slide is my brother.
滑梯上的小孩就是我弟弟。

slipper

['slipə]

(n.) 拖鞋 (tuō xié)

例句

I can't find my slippers.
我找不到我的拖鞋。

slow

[sləu]

(adj.) 慢的 (màn de)

例句

She is slow in Chinese.
她的语文学得不好。

small

[smɔ:l]

(adj.) 小的 (xiǎo de)；幼小的 (yòu xiǎo de)

例句

The glass is too small.
这杯子太小了。

smart

[sma:t]

(adj.) 聪明的 (cōng míng de)；潇洒的 (xiāo sǎ de)

例句

The boy is very smart.
那男孩很聪明。

smell

[smel]

n. 气味（qì wèi）；嗅觉（xiù jué）

v. 嗅（xiù），嗅到（xiù dào）

例句

The flowers smell sweet.
花散发着香味。

smile

[smail]

n.&v. 微笑（wēi xiào）

例句

The teacher smiles at everybody.
老师对每个人微笑。

smoke

[sməuk]

n. 烟（yān）；烟雾（yān wù）

v. 抽烟（chōu yān）

例句

No smoking.
禁止吸烟。

snake

[sneik]

n. 蛇（shé）

例句

I am afraid of snakes.
我害怕蛇。

snow

[snəu]

n. 雪（xuě） v. 下雪（xià xuě）

例句

It is going to snow.
快下雪了。

so

[səu]

adv. 这么（zhè me）；如此（rú cǐ）；非常（fēi cháng）；很（hěn）

例句

You have so many toys.
你有很多玩具。

soap

[səup]

n. 肥皂（féi zào）

例句

Wash your hands with soap.
用肥皂洗手。

soccer

[ˈsɔkə]

n. 英式足球（yīng shì zú qiú）

例句

Do you like playing soccer?
你喜欢踢足球吗?

sock

[sɔk]

duǎn wà
n. 短袜

例句

Mother bought me a pair of socks.
妈妈买了一双短袜给我。

sofa

[ˈsəufə]

shā fā
n. 沙发

例句

I am sitting on the sofa.
我正坐在沙发上。

soft

[sɔft]

ruǎn de　róu ruǎn de
adj. 软的；柔软的；
wēn róu de
温柔的

例句

The cake is soft.
蛋糕很松软。

soldier

[ˈsəuldʒə]

shì bīng　jūn rén
n. 士兵；军人

例句

Are you a soldier?
你是一名军人吗？

some

[sʌm]

adj. 一些 (yì xiē)

例句

I want some paper.
我想要一些纸。

somebody

['sʌmbədi]

pron. 有人；某人 (yǒu rén; mǒu rén)

例句

There is somebody in the room.
房间里有人。

something

['sʌmθiŋ]

pron. 某事；某物 (mǒu shì; mǒu wù)

例句

Would you like something to eat?
要吃点什么吗?

sometimes

['sʌmtaimz]

adv. 有时 (yǒu shí)

例句

Sometimes I go to school on foot.
有时我步行上学。

son

[sʌn]

ér zi
n. 儿子

例句

Mr. Smith is very strict with his son.
史密斯先生对他的儿子很严格。

song

[sɔŋ]

gē qǔ
n. 歌曲

例句

They are singing an English song.
她们正在唱英文歌。

soon

[suːn]

bù jiǔ kuài
adv. 不久；快

例句

Please write me back soon.
请尽快给我回信。

sorry

['sɔri]

yí hàn de bēi shāng de bào qiàn de
adj. 遗憾的；悲伤的；抱歉的

例句

I'm sorry.
对不起。

sound

[saund]

shēng yīn　　tīng qǐ lái
n. 声音　v. 听起来

例句

The story sounds interesting.
故事听起来很有趣。

soup

[su:p]

tāng
n. 汤

例句

Cantonese like eating soup.
广东人喜欢喝汤。

south

[sauθ]

nán bù　nán fāng
n. 南部；南方

nán de　zài nán fāng de
adj. 南的；在南方的

例句

Guangzhou is in the south of China.
广州在中国的南部。

space

[speis]

kōng jiān　miàn jī
n. 空间；面积；

chǎng suǒ　tài kōng
场所；太空

例句

There is no space for a book shelf in this room.
这个房间没有空间放下一个书柜了。

A B C D E F G H I J K L M N O P Q R S T U V W X Y Z

speak

[spiːk]

shuō huà　jiǎng　mǒu zhǒng yǔ yán　fā yán

(v.) 说话；讲（某种语言）；发言

例句

I can speak Japanese.
我会讲日语。

speed

[spiːd]

sù dù　xùn sù

(n.) 速度；迅速

例句

She is driving the car at a high speed.
她正高速驾驶汽车。

spell

[spel]

yòng zì mǔ pīn xiě

(v.) 用字母拼写

例句

How to spell "English"?
“英语”这个单词怎么拼？

spend

[spend]

huā fèi　dù guò

(v.) 花费；度过

例句

How did you spend your holiday?
你怎样度过了你的假期？

A B C D E F G H I J K L M N O P Q R S T U V W X Y Z

spider

['spaidə]

n. 蜘蛛 (zhī zhū)

例句

I hate spiders.
我讨厌蜘蛛。

spoon

[spuːn]

n. 匙；勺子 (chí; sháo zi)

例句

That's a tea spoon.
那是茶匙。

sport

[spɔːt]

n. 运动 (yùn dòng)

例句

Sports are good for health.
运动对健康有好处。

spring

[spriŋ]

n. 春天 (chūn tiān)

例句

Spring is coming.
春天来了。

square

[skwεə]

zhèng fāng xíng guǎng chǎng

n. 正方形；广场

例句

Here is the public square.
这里是一个公众广场。

stair

[stεə]

lóu tī

n. 楼梯

例句

I am going up the stairs.
我正在上楼梯。

stamp

[stæmp]

yóu piào

n. 邮票

例句

Do you collect stamps?
你集邮吗?

stand

[stænd]

zhàn lì róng rěn

v. 站；立；容忍

例句

I can reach the top shelf if I stand on my toes.
要是踮起脚尖我就能碰到书架顶层。

star

[stɑː]

xīng xing míng xīng

n. 星星；明星

例句

The lady is a movie star.
那女士是电影明星。

start

[stɑːt]

chū fā qǐ chéng

v. 出发；起程；

kāi shǐ chuàng bàn

开始；创办

例句

He couldn't start the car.
他发动不了这辆车。

station

['steiʃən]

chē zhàn wèi zhi

n. 车站；位置

例句

It's a TV station over there.
那里是一个电视台。

stay

[stei]

dòu liú zhù bǎo chí xià qù

v. 逗留；住；保持下去

例句

How long will you stay here?
你会留在这里多久？

steal

[sti:l]

(v.) 偷 (tōu)

例句

The thief stole her purse.
小偷偷了她的钱包。

step

[step]

(n.) 脚步 (jiǎo bù)；台阶 (tái jiē)

例句

Mind your step.
注意脚下。

stick

[stik]

(n.) 棍 (gùn)；棒 (bàng)；手杖 (shǒu zhàng)

(v.) 粘贴 (zhān tiē)

例句

The old man walks with a stick.
那老人拄着拐杖走路。

still

[stil]

(adv.) 仍然 (réng rán)；还 (hái)

(adj.) 平静的 (píng jìng de)

例句

He still lives in that old cabin.
他仍然住在那间旧木屋里。

A B C D E F G H I J K L M N O P Q R S T U V W X Y Z

stomach

['stʌmək]

n. 胃；胃部 (wèi; wèi bù)

例句

What's wrong with your stomach?
你的胃怎么了？

stone

[stəun]

n. 石头 (shí tou)

例句

The little girl hid behind the big stone.
小女孩藏在了大石头后面。

stool

[stu:l]

n. 凳子 (dèng zi)

例句

There is a low stool for the baby boy.
有张给小男孩的矮凳子。

stop

[stɔp]

n. 停止；车站 (tíng zhǐ; chē zhàn)

v. 停止 (tíng zhǐ)

例句

He had to stop the car there.
他不得不把车停在那儿了。

store

[stɔː]

n. 商店 (shāng diàn)　v. 贮藏 (zhù cáng)

例句

There is a store beside my school.
我学校旁边有一间商店。

story

[ˈstɔːri]

n. 故事 (gù shi)

例句

The story is true.
这故事是真的。

straight

[streit]

adj. 直的 (zhí de)；正直的 (zhèng zhí de)

adv. 直接地 (zhí jiē de)；立即 (lì jí)

例句

Sit up straight.
坐端正。

strange

[streindʒ]

adj. 陌生的 (mò shēng de)；奇怪的 (qí guài de)

衍生词
stranger
n. 陌生人 (mò shēng rén)

例句

How strange the man is!
那人多奇怪！

A B C D E F G H I J K L M N O P Q R S T U V W X Y Z

strawberry

['strɔːbəri]

cǎo méi
n. 草莓

例句

What colour is the strawberry?
草莓是什么颜色的?

street

['striːt]

jiē jiē dào
n. 街；街道

例句

Go down this street.
沿着大街一直走。

strong

[strɔŋ]

qiáng zhuàng de qiáng dà de
adj. 强壮的；强大的

例句

My uncle is strong.
我叔叔很强壮。

student

['stjuːdənt]

xué sheng
n. 学生

例句

You are a middle school student.
你是一名中学生。

study

['stʌdi]

xué xí yán jiū

n.&v. 学习；研究

例句

She and her sister are studying.

她和她姐姐都在学习。

subject

['sʌbdʒikt]

kē mù xué kē

n. 科目；学科

例句

Maths is my favourite subject.

数学是我最喜欢的科目。

success

[sək'ses]

chéng gōng

n. 成功

例句

We are happy for your success.

我们为你的成功而感到高兴。

suddenly

['sʌdənli]

tū rán de

adv. 突然地

例句

She showed up suddenly.

她突然出现了。

sugar

['ʃugə]

táng shí táng
n. 糖，食糖

例句

I like sugar in my coffee.
我喜欢在咖啡里加糖。

suit

[sju:t]

tào zhuāng
n. 套装

hé shì shì hé
v. 合适；适合

例句

Do you think it suits you?
你觉得它适合你吗?

summer

['sʌmə]

xià jì
n. 夏季

例句

We went camping in summer holiday.
我们暑假去了露营。

sun

[sʌn]

tài yáng
n. 太阳

衍生词

sunrise
rì chū
n. 日出

sunset
rì luò
n. 日落

例句

The sun came up.
太阳出来了。

Sunday

['sʌndi]

xīng qī rì

n. 星期日

例句

I met Amy last Sunday.

我上星期天见到了埃米。

sunny

['sʌni]

yáng guāng míng mèi de

adj. 阳光明媚的

例句

It's a sunny day!

今天是个大晴天！

supermarket

['sju:pəˌma:kit]

chāo jí shì chǎng

n. 超级市场

例句

What did you buy at the supermarket?

你在超市买了些什么东西?

supper

['sʌpə]

wǎn cān

n. 晚餐

例句

We haven't had supper yet.

我们还没吃晚饭。

sure

[ʃuə]

duì　yǒu bǎ wò　què xìn mǒu shì
adj. 对……有把握；确信某事

dí què　dāng rán
adv. 的确；当然

例句

Are you sure?
你确定吗?

surprise

[səˈpraiz]

jīng qí
n. 惊奇

lìng rén jīng yà de
adj. 令人惊讶的

例句

What a surprise!
真让人吃惊!

swallow

[ˈswɔləu]

yàn zi
n. 燕子

例句

The swallows fly south in winter.
冬天燕子向南飞。

swan

[swɔn]

tiān é
n. 天鹅

例句

There is a swan in the lake.
湖上有一只天鹅。

sweater

['swetə]

máo xiàn shān
n. 毛线衫

例句

This sweater is made of wool.
这件毛线衫是羊毛制成的。

sweet

[swiːt]

táng guǒ　　tián de
n. 糖果　adj. 甜的

例句

It tastes sweet.
它味道很甜。

swim

[swim]

yóu yǒng
n. 游泳

衍生词
swimming pool
yóu yǒng chí
n. 游泳池

例句

Danny is good at swimming.
丹尼擅长游泳。

swing

[swiŋ]

qiū qiān　　shǐ yáo bǎi
n. 秋千　v. (使)摇摆

例句

The kids are playing on the swings.
孩子们在荡秋千。

T t

take

table

['teibl]

zhuō zi　cān zhuō

n. 桌子；餐桌

例句

That's a round table.

那是一张圆桌。

tail

[teil]

wěi ba

n. 尾巴

例句

The monkey has a long tail.

猴子有长尾巴。

take

[teik]

ná　qǔ

v. 拿；取

例句

OK, take your time.

好的，不要着急。

talk

[tɔːk]

tán huà　tán lùn

n.&v. 谈话；谈论

例句

They're talking about the weather.

她们正在谈论天气。

tall

[tɔːl]

gāo de

adj. 高的

例句

How tall are you?
你有多高?

tap

[tæp]

shuǐ lóng tóu

n. 水龙头

例句

I can't fix the tap.
我修不好这个水龙头。

tape

[teip]

dài zi　lù yīn dài

n. 带子；录音带

例句

Listen to the tape.
听录音。

taste

[teist]

wèi dào　pǐn wèi　pǐn cháng

n. 味道；品味 v. 品尝

例句

My sister has good taste in clothes.
我的姐姐穿衣服很有品味。

taxi

['tæksi]

n. 出租汽车 (chū zū qì chē)

例句

Call a taxi for me, please.
请帮我叫一辆出租车。

tea

[tiː]

n. 茶 (chá)

例句

I made tea for the guest.
我为客人泡茶。

teach

[tiːtʃ]

v. 讲授 (jiǎng shòu)；教书 (jiāo shū)；教导 (jiào dǎo)

例句

I teach Tom Chinese.
我教汤姆中文。

teacher

['tiːtʃə]

n. 教师 (jiào shī)

例句

She is our new teacher.
她是我们的新老师。

team

[tiːm]

duì zǔ

n. 队；组

例句

Which team do you play for?
你为哪个队效力？

tear

[tiə]

yǎn lèi liú lèi

n. 眼泪 v. 流泪

例句

The little girl bursts into tears.
小女孩突然哭了起来。

telephone

['telifəun]

diàn huà

n. 电话

衍生词

phone

diàn huà

n. 电话<缩写>

例句

Do you know his telephone number?
你知道他的电话号码吗？

telescope

['teliskəup]

wàng yuǎn jìng

n. 望远镜

例句

I looked at the moon through a telescope.
我用望远镜看月亮。

television

['televiʒən]

diàn shì diàn shì jī
n. 电视；电视机

例句

We have a big television.
我们有一台大电视。

tell

[tel]

gào su jiǎng shù
v. 告诉；讲述

例句

He is telling me a story.
他正在给我讲故事。

ten

[ten]

shí
num. 十

例句

You are late for ten minutes.
你迟到了十分钟。

tennis

['tenis]

wǎng qiú
n. 网球

衍生词

table tennis
pīng pāng qiú
n. 乒乓球

例句

I like playing tennis.
我喜欢打网球。

A B C D E F G H I J K L M N O P Q R S T U V W X Y Z

tent

[tent]

zhàng peng　　zhù zhàng peng
n. 帐篷　v. 住帐篷

例句

We are pitching a tent.
我们正在搭帐篷。

term

[təːm]

xué qī
n. 学期

例句

We will begin to study English next term.
下学期我们开始学英语。

test

[test]

cè shì　shì yàn
n. & v. 测试；试验

例句

She got a high grade in the test.
她在测验中得了高分。

text

[tekst]

wén běn　kè wén
n. 文本；课文

例句

They are reading the text.
他们正在读课文。

thank

[θæŋk]

n.&v. 感谢 (gǎn xiè)

例句

Thank you very much.
非常感谢。

that

[ðæt]

adj.&pron. 那 (nà)；那个 (nà ge)

例句

That man is my father.
那人是我爸爸。

the

[ðə]

art. 这 (zhè)；那 (nà)；这些 (zhè xiē)；那些 (nà xiē)

例句

Look at the blackboard.
看黑板。

theater

['θiətə]

n. 剧场 (jù chǎng)；戏院 (xì yuàn)；电影院 (diàn yǐng yuàn)

例句

Let's go to the theater.
我们去剧院（看戏）吧。

their

[ðɛə]

tā men de
adj.&pron. 他们的

例句

They lost their cat.
他们弄丢了他们的猫。

them

[ðem]

tā tā men bīn gé
pron. 他(她)们(宾格);

tā men
它们

衍生词

themselves

tā tā tā men zì jǐ
pron. 他/她/它们自己

例句

Tell them the news.
把消息告诉他们。

then

[ðen]

zài nà shí dāng shí rán hòu
adv. 在那时;当时;然后

例句

See you then.
到时候见。

there

[ðɛə]

zài nà lǐ
adv. 在那里

例句

Who's over there?
谁在那里?

these

[ðiːz]

adj.&pron. 这些 (zhè xiē)

例句

These are grapes.
这些是葡萄。

they

[ðei]

pron. 他(她)们；它们 (tā (tā) men; tā men)

例句

They are my classmates.
他们是我的同班同学。

thin

[θin]

adj. 薄的；瘦的 (báo de; shòu de)

例句

Lucy is getting thinner.
露丝越来越瘦了。

thing

[θiŋ]

n. 东西；事情 (dōng xi; shì qing)

例句

There are many things in the box.
盒子里有很多东西。

think

[θiŋk]

xiǎng rèn wéi

v. 想；认为

衍生词

thought

sī xiǎng xiǎng fǎ

n. 思想；想法

例句

I think you are right.

我想你是对的。

third

[θəːd]

dì sān

num. 第三

例句

They live on the third floor.

他们住在三楼。

thirsty

[ˈθəːsti]

kǒu kě de

adj. 口渴的

例句

I am thirsty.

我口渴了。

this

[ðis]

zhè zhè ge

adj.&pron. 这；这个

例句

This is what I need.

这正是我需要的。

those

[ðəuz]

adj.&pron. 那些 (nà xiē)

例句

Those are my books.
那些是我的书。

thousand

['θauzənd]

num. 千；成千 (qiān; chéng qiān)

例句

There are about one thousand pupils in my school.
我学校大约有一千名学生。

three

[θriː]

num. 三 (sān)

衍生词

thirteen num. 十三 (shí sān)

thirty num. 三十 (sān shí)

例句

The boy is three years old.
那个男孩三岁了。

through

[θruː]

prep. 穿过；通过 (chuān guò; tōng guò)

adv. 彻底；完全 (chè dǐ; wán quán)

例句

They finally went through the forest.
他们最终穿过了森林。

throw

[θrəu]

tóu zhì

v. 投；掷

例句

Throw the ball to me.

把球扔给我。

Thursday

['θə:zdi]

xīng qī sì

n. 星期四

例句

Today is Thursday.

今天是星期四。

ticket

['tikit]

piào rù chǎng quàn

n. 票；入场券

例句

Do you have any ticket?

你有入场券吗?

tie

[tai]

lǐng dài

n. 领带

jì dǎ jié

v. 系；打结

例句

Benny is wearing a tie today.

班尼今天系了领带。

tiger

['taigə]

lǎo hǔ
n. 老虎

例句

We can see tigers in the zoo.
我们可以在动物园看到老虎。

till

[til]

zhí dào wéi zhǐ
prep. 直到……为止

例句

I will stay here till next Friday.
我会一直留在这里直至下星期五。

time

[taim]

shí jiān shí hou
n. 时间；时候

例句

What time is it now?
现在几点了？

tired

['taiəd]

lèi de pí juàn de
adj. 累的；疲倦的

例句

I am tired after playing tennis.
我打完网球很累。

to

[tuː]

xiàng wǎng dào
pron. 向；往；到

例句

Please tell me the way to the zoo.
告诉我动物园怎么走。

today

[təˈdei]

jīn tiān xiàn jīn
n.& adv. 今天；现今

例句

Today is your birthday.
今天是你的生日。

together

[təˈgeðə]

gòng tóng yì qǐ
adv. 共同；一起

例句

They will come here together.
他们会一起来。

toilet

[ˈtɔilit]

xǐ shǒu jiān cè suǒ mǎ tǒng
n. 洗手间；厕所；马桶

例句

Where is the toilet?
洗手间在哪里？

tomato

[tə'mɑ:təu]

fān qié　xī hóng shì
n. 番茄；西红柿

例句

Do you like tomato soup?
你喜欢番茄汤吗?

tomorrow

[tə'mɔrəu]

míng tiān
n. 明天

例句

Tomorrow is another day.
明天又是新的一天。

tongue

[tʌŋ]

shé tou　yǔ yán
n. 舌头；语言

例句

Put out your tongue,please.
请伸出你的舌头。

tonight

[tə'nait]

jīn wǎn　jīn yè
n. 今晚；今夜

例句

It is going to rain tonight.
今晚将会下雨。

A B C D E F G H I J K L M N O P Q R S T U V W X Y Z

too

[tuː]

adv. 也(yě)；太(tài)

例句

I am fine,too.
我也很好。

tool

[tuːl]

n. 工具(gōng jù)；用具(yòng jù)

例句

Can you use these tools?
你会用这些工具吗?

tooth

[tuːθ]

n. 牙齿(yá chǐ)

teeth (复数形式)

衍生词

toothbrush
n. 牙刷(yá shuā)

toothpaste
n. 牙膏(yá gāo)

例句

Brush your teeth first.
先刷牙吧。

top

[tɔp]

n. 顶部(dǐng bù)

例句

I am at the top of the hill.
我在山顶。

total

['təutl]

zǒng shù　hé jì
n. 总数；合计

quán bù de　zǒng de
adj. 全部的；总的

例句

The total cost is 100 dollars.
总价是一百美元。

touch

[tʌtʃ]

chù jué
n. 触觉

jiē chù　chù mō
v. 接触；触摸

例句

Don't touch it.
不要摸它。

tour

[tuə]

cān guān　lǚ xíng
n.& v. 参观；旅行

例句

They went on a tour of Tokyo.
他们游览了东京。

towards

[tə'wɔːdz]

cháo　xiàng
prep. 朝……；向……

例句

The sun flowers turn towards the sun.
向日葵向着太阳。

towel

['tauəl]

shǒu jīn máo jīn
n. 手巾；毛巾

例句

This towel is very soft.
这条毛巾很柔软。

tower

['tauə]

tǎ tǎ lóu
n. 塔；塔楼

例句

There is a bell tower near here.
这附近有一座钟楼。

town

[taun]

shì zhèn chéng zhèn
n. 市镇；城镇

例句

I once lived in a small town.
我曾经住在一个小镇上。

toy

[tɔi]

wán jù
n. 玩具

例句

Those are toy pandas.
那些是玩具熊猫。

traffic

['træfik]

n. 交通 (jiāo tōng)

例句

The traffic is really bad.
交通真差。

train

[trein]

n. 火车 (huǒ chē)　v. 训练 (xùn liàn)

例句

Is this train for Beijing?
这是开往北京的火车吗?

travel

['trævl]

n.&v. 旅行 (lǚ xíng)

例句

I am fond of travelling.
我喜欢旅行。

tree

[tri:]

n. 树 (shù)

例句

We usually plant trees in spring.
我们通常在春天种树。

triangle

['traiængl]

sān jiǎo xíng

n. 三角形

例句

How many triangles are there?

有多少个三角形？

trouble

['trʌbl]

fán nǎo　má fan

n. 烦恼；麻烦

shǐ　má fan　dǎ rǎo

v. (使)麻烦；打扰

例句

Sorry for the trouble.

对不起，给你添麻烦了。

trousers

['trauzəz]

kù zi　cháng kù

n. 裤子；长裤

例句

This new pair of trousers is too tight.

这条新裤子太紧了。

truck

[trʌk]

kǎ chē

n. 卡车

例句

My father drives a truck.

我爸爸开卡车。

true

[tru:]

zhēn de
adj. 真的

衍生词
truth
shì shí　zhēn lǐ
n. 事实；真理

例句

Can it be true?
这有可能是真的吗?

trust

[trʌst]

xìn rèn　xìn lài　xìn rèn
n. 信任；信赖 v. 信任

例句

Helen trusts Benny.
海伦信任班尼。

try

[trai]

cháng shì　shì tú
n.& v. 尝试；试图

例句

Try on the coat.
试穿一下大衣吧。

Tuesday

['tju:zdi]

xīng qī èr
n. 星期二

例句

My grandparents will visit us on Tuesday.
我的爷爷奶奶星期二来看我们。

turn

[tə:n]

n. 轮流 (lún liú)　v. 转动 (zhuǎn dòng)；翻转 (fān zhuǎn)

例句

Turn on the TV.
打开电视机。

turtle

['tə:tl]

n. 海龟 (hǎi guī)

例句

The turtle can swim.
海龟会游泳。

twin

[twin]

n. 双胞胎 (shuāng bāo tāi)

例句

They are twins.
她们是双胞胎。

two

[tu:]

num. 二 (èr)

衍生词

twelve
num. 十二 (shí èr)
twenty
num. 二十 (èr shí)

例句

Cut it into two.
把它切成两份。

U u

upset

ugly

['ʌgli]

chǒu de nán kàn de
adj. 丑的；难看的

例句

The dog is ugly.
这只狗很丑。

umbrella

[ʌm'brelə]

sǎn yǔ sǎn
n. 伞；雨伞

例句

Shut the umbrella,please.
请关上雨伞。

uncle

['ʌŋkl]

bó shū yí gū fù
n. 伯（叔，姨，姑）父；
jiù jiu shū shu
舅舅；叔叔

例句

My uncle is a policeman.
我的叔叔是警察。

under

['ʌndə]

zài zhī xià
prep. 在……之下

例句

Sit under the tree.
坐在树下。

understand

[ˌʌndəˈstænd]

v. dǒng 懂；liǎo jiě 了解

例句

Do you understand?
你明白了吗？

until

[ʌnˈtil]

prep.&conj. zhí dào 直到……wéi zhǐ 为止

例句

He can not go until Sunday.
他要到星期天才能去。

up

[ʌp]

adv. xiàng shàng 向上

例句

Cheer up,my friend!
振作起来，我的朋友！

upset

[ʌpˈset]

adj. xīn fán de 心烦的

v. (shǐ 使) xīn fán 心烦

例句

She was upset when she lost the purse.
她丢了钱包时心烦意乱。

us

[ʌs]

wǒ men bīn gé
pron. 我们(宾格)

例句

Please help us.
请帮帮我们。

use

[juːs] n. 使用 (shǐ yòng)

[juːz] v. 使用 (shǐ yòng)

例句

Could I use your bicycle?
能用一用你的自行车吗?

useful

[ˈjuːsful]

yǒu yòng de　yǒu yì de
adj. 有用的；有益的

衍生词

useless
adj. 无用的(wú yòng de)；无益的(wú yì de)

例句

The computer is very useful.
电脑很有用。

usually

[ˈjuːʒuəli]

tōng cháng
adv. 通常

例句

I usually have lunch at school.
我通常在学校吃午饭。

V v

vacation

A B C D E F G H I J K L M N O P Q R S T U V W X Y Z

vacation

[və'keiʃən]

jià qī

n. 假期

例句

We go travelling during the winter vacation.

我们在寒假去旅行。

value

['vælju]

jià zhí zhòng yào xìng

n. 价值；重要性

例句

This painting is of great value.

这幅画很值钱。

vase

[vaːz]

huā píng píng

n. 花瓶；瓶

例句

There are some flowers in the vase.

花瓶里有一些花。

vegetable

['vedʒitəbl]

shū cài

n. 蔬菜

例句

You must eat more vegetables.

你应该吃多点蔬菜。

very

['veri]

hěn fēi cháng

adv. 很；非常

例句

His friend is very funny.

他的朋友非常有趣。

victory

['viktəri]

shèng lì chéng gōng yíng

n. 胜利；成功；赢

例句

He won the game again. It's his second victory.

他又赢了比赛。这是他的第二次胜利。

video

['vidiəu]

shì pín lù xiàng

n. 视频；录像

例句

Tom is making videos.

汤姆正在制作录像。

view

[vjuː]

jǐng sè fēng jǐng shì yě

n. 景色；风景；视野

guān kàn rèn wéi kǎo lǜ

v. 观看；认为；考虑

例句

We like the view.

我们喜欢这儿的景色。

village

['vilidʒ]

xiāng cūn　cūn zhuāng
n. 乡村；村庄

例句

That is a fishing village.
那是一个渔村。

violin

[ˌvaiə'lin]

xiǎo tí qín
n. 小提琴

例句

I can play the violin.
我会拉小提琴。

visit

['vizit]

bài fǎng　fǎng wèn　cān guān
n.& v. 拜访；访问；参观

衍生词
visitor
cān guān zhě　fǎng wèn zhě
n. 参观者，访问者

例句

They visited New York last year.
他们去年参观了纽约。

voice

[vɔis]

shēng yīn　sǎng yīn
n. 声音；嗓音

例句

The girl has a good voice.
那女孩有一副好嗓子。

W w

wait

wait

[weit]

n.& v. 等待（děng dài）；等候（děng hòu）

例句

I am waiting for you.

我正在等你。

wake

[weik]

v. 叫醒（jiào xǐng）；醒来（xǐng lái）

例句

Wake me up early.

早点叫醒我。

walk

[wɔːk]

n.& v. 步行（bù xíng）；散步（sàn bù）

例句

Let's go for a walk.

我们去散步吧。

wall

[wɔːl]

n. 墙壁（qiáng bì）

例句

Don't plaster the paint on the wall.

不要把油漆在墙上涂那么厚。

want

[wɔnt]

xiǎng yào　dǎ suàn　xī wàng
v. 想要；打算；希望

例句

Do you want some coffee?
你想要一些咖啡吗?

war

[wɔː]

zhàn zhēng　dòu zhēng　jìng zhēng
n. 战争；斗争；竞争

例句

We hope no wars in the world.
我们希望世界上没有战争。

warm

[wɔːm]

nuǎn huo de　wēn nuǎn de
adj. 暖和的；温暖的

shǐ biàn nuǎn　shǐ wēn nuǎn
v. (使)变暖；(使)温暖

例句

It is warm today.
今天很暖和。

wash

[wɔʃ]

xǐ　xǐ dí
v. 洗；洗涤

例句

My father is washing his car.
我爸爸正在洗他的车。

A B C D E F G H I J K L M N O P Q R S T U V W X Y Z

waste

[weist]

n.& v. 浪费（làng fèi）；废料（fèi liào）

例句

Don't waste water.
不要浪费水。

watch

[wɔtʃ]

n. 手表（shǒu biǎo）

v. 观看（guān kàn）；注视（zhù shì）；注意（zhù yì）

例句

They are watching TV.
他们正在看电视。

water

['wɔːtə]

n. 水（shuǐ）　v. 喷淋（pēn lín）；浇水（jiāo shuǐ）

例句

The girl is watering the flowers.
那个女孩正在浇花。

watermelon

['wɔːtəmelən]

n. 西瓜（xī guā）

例句

Half a watermelon is too much for me.
对我来说半只西瓜太多了。

way

[wei]

lù　fāng shì　shǒu duàn

n. 路；方式；手段

例句

Can you tell me the way to the park?

你能告诉我去公园的路吗？

we

[wiː]

wǒ men

pron. 我们

例句

We are good friends.

我们是好朋友。

weak

[wiːk]

ruò de　xū ruò de

adj. 弱的；虚弱的

例句

The old man is weak.

那位老人很虚弱。

wear

[wɛə]

chuān　dài

v. 穿；戴

例句

She is wearing a sun glasses.

她戴着一副太阳眼镜。

weather

['weðə]

(n.) 天气(tiān qì)；气候(qì hòu)

例句

The weather is fine.

天气很好。

Wednesday

['wenzdi]

(n.) 星期三(xīng qī sān)

例句

Is it Wednesday today?

今天是星期三吗?

week

[wi:k]

(n.) 星期(xīng qī)；周(zhōu)

衍生词

weekly

(n.) 周报(zhōu bào)，周刊(zhōu kān)

(adj.) 每周一次的(měi zhōu yí cì de)

例句

How many weeks are there in a year ?

一年有多少个星期?

weekend

['wi:kend]

(n.) 周末(zhōu mò)

例句

How about go shopping this weekend?

这个周末去逛街好吗?

weight

[weit]

zhòng liàng
n. 重量

衍生词
weigh
chēng de zhòng liàng
v. 称……的重量

例句
She lost weight.
她减肥了。

welcome

['welkəm]

huān yíng / shòu huān yíng de
n. & v. 欢迎 adj. 受欢迎的

例句
Welcome to our city.
欢迎来我们的城市。

well

[wel]

jǐng / hǎo hěn
n. 井 adv. 好；很

例句
This is an old well.
这是一口古井。

west

[west]

xī fāng xī bù
n. 西方；西部

xī fāng de xī bù de
adj. 西方的；西部的

例句
The sun sets in the west.
太阳在西边落下。

wet

[wet]

shī de　cháo shī de
adj. 湿的；潮湿的

例句

My hair is wet.
我的头发湿了。

whale

[weil]

jīng
n. 鲸

例句

What a large whale!
好大的鲸鱼啊！

what

[wɔt]

shén me
pron. 什么

例句

What is this?
这是什么？

wheel

[wiːl]

chē lún　lún zi
n. 车轮；轮子

例句

A car has four wheels.
汽车有四个轮子。

when

[wen]

shén me shí hou
adv. 什么时候

dāng de shí hou
conj. 当……的时候

例句

I'll return it to you when we meet.
我们见面的时候就还给你。

where

[wɛə]

shén me dì fang
adv. 什么地方

zài dì fang
conj. 在……地方

例句

Where is my glasses?
我的眼镜在哪里?

which

['witʃ]

nǎ ge
adj.&pron. 哪个

例句

Which is your ruler?
哪一把是你的尺子?

white

[wait]

bái sè
n. 白色

bái sè de
adj. 白色的

例句

I like white roses.
我喜欢白玫瑰。

A B C D E F G H I J K L M N O P Q R S T U V W X Y Z

who

[huː]

shuí
pron. 谁

例句

Who is the tall boy?
那高个子男孩是谁?

whole

[həul]

zhěng gè de   suǒ yǒu de
adj. 整个的；所有的

例句

Tom slept a whole day.
汤姆睡了一整天。

whose

[huːz]

shuí de
pron. 谁的

例句

Whose dress is this?
这是谁的裙子?

why

[wai]

wèi shén me
adv. 为什么

例句

Why did you come here?
为什么你来这里了?

wide

[waid]

kuān de　guǎng kuò de
adj. 宽的；广阔的

例句

The square is wide.
广场很宽阔。

wife

[waif]

qī zi
n. 妻子

例句

Which is your wife?
哪一位是你的妻子？

will

[wil]

yì zhì　jué xīn
n. 意志；决心

jiāng　yuàn yì
v. 将；愿意

例句

I will come again.
我会再来。

win

[win]

shèng lì　yíng
n.&v. 胜利；赢

例句

I win.
我赢了。

A B C D E F G H I J K L M N O P Q R S T U V W X Y Z

wind

[wind]

fēng qì liú

n. 风；气流

例句

The wind is rising.

起风了。

window

['windəu]

chuāng chuāng kǒu

n. 窗；窗口

例句

Close the window, please.

请把窗关上。

windy

['windi]

yǒu fēng de guā fēng de

adj. 有风的；刮风的

例句

It is windy today.

今天有风。

wing

[wiŋ]

chì bǎng yì

n. 翅膀；翼

例句

The bird spreads its wings.

小鸟展开翅膀。

winter

['wintə]

dōng jì
n. 冬季

例句

It is cold in winter.
冬天天气寒冷。

wise

[waiz]

cōng míng de míng zhì de
adj. 聪明的；明智的

例句

It's wise to take a raincoat with you.
你带上雨衣是明智的。

wish

[wiʃ]

yuàn wàng xīn yuàn
n.&v. 愿望；心愿

xī wàng zhù yuàn
希望；祝愿

例句

Wish you success.
祝你成功。

with

[wið]

yǒu hé yì qǐ yòng
prep. 有；和……一起；用

例句

May I go with you?
我可以和你一起去吗？

A B C D E F G H I J K L M N O P Q R S T U V W X Y Z

without

[wi'ðaut]

prep. méi yǒu 没有

例句

We can't live without water.
没有水我们不能生活。

wolf

[wulf]

n. láng 狼

例句

What a tricky wolf!
多么狡猾的狼啊！

woman

['wumən]

n. nǚ rén 女人；fù nǚ 妇女

women (复数形式)

例句

March 8th is Women's Day.
3月8日是妇女节。

wonderful

['wʌndəful]

adj. qí miào de 奇妙的；jí hǎo de 极好的

例句

This is a wonderful painting.
这是一幅很奇妙的画。

wood

[wud]

mù tou　mù cái　shù mù
(n.) 木头；木材；树木

例句

The box is made of wood.
这个箱子是木做的。

word

[wə:d]

zì　cí　huà
(n.) 字；词；话

例句

Express in a word.
用一个词表达。

work

[wə:k]

gōng zuò　zuò pǐn
(n.) 工作；作品

gōng zuò
(v.) 工作

衍生词
worker
gōng rén
(n.) 工人

例句

The workers are working hard.
工人们正在努力工作。

world

[wə:ld]

shì jiè
(n.) 世界

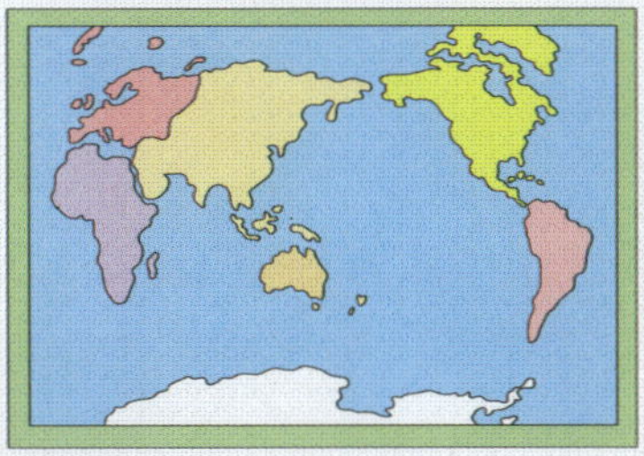

例句

This is a map of the world.
这是一张世界地图。

worry

['wʌri]

fán nǎo dān xīn

n.& v. 烦恼；担心

例句

Don't worry.

不用担心。

worth

[wə:θ]

zhí dé de

adj. 值得的

例句

It's worth buying the car.

买这辆车是值得的。

write

[rait]

xiě

v. 写

衍生词

writer

zuò zhě zuò jiā

n. 作者；作家

例句

I am writing a letter.

我正在写信。

wrong

[rɔŋ]

cuò wù de

adj. 错误的

例句

You got into the wrong room.

你走错了房间。

X x

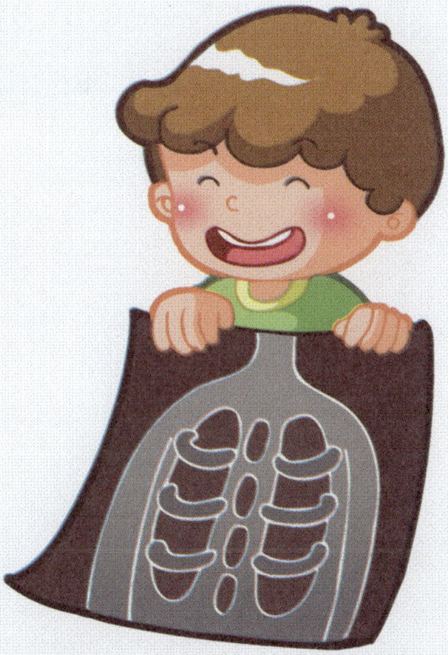

X-ray

X-ray

['eks'rei]

n. X射线 (shè xiàn)

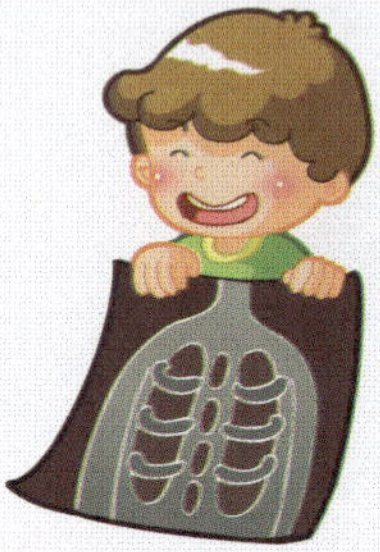

例句

I had an X-ray at the hospital.

我在医院照了 X 光。

xylophone

['zailəfəun]

n. 木琴 (mù qín)

例句

Helen is playing the xylophone.

海伦正在弹奏木琴。

Y y

yard

yard

[jaːd]

yuàn zi mǎ
n. 院子；码

例句

Kids are heaping up a snowman in the yard.
孩子们在院子里堆雪人。

year

[jiə]

nián
n. 年

例句

The girl is four years old.
那女孩四岁。

yellow

['jeləu]

huáng sè huáng sè de
n. 黄色 adj. 黄色的

例句

Leaves turn yellow.
叶子变黄了。

yes

[jes]

shì
adv. 是

例句

The boy always says: "Yes."
那男孩总是说："是。"

yesterday

['jestədi]

zuó tiān

n. 昨天

例句

Yesterday was Wednesday.
昨天是星期三。

you

[ju(ː)]

nǐ nǐ men

pron. 你；你们

例句

Thank you.
谢谢你。

young

[jʌŋ]

nián qīng rén

n. 年轻人

nián qīng de

adj. 年轻的

例句

The young man is a famous pianist.
这位年轻的男子是著名的钢琴家。

your

[jɔː]

nǐ de nǐ men de

pron. 你的；你们的

例句

Is this your bag?
这是你的袋子吗？

Z z

ZOO

zebra

['zi:brə]

n. 斑马 (bān mǎ)

例句

Zebra is black and white.
斑马是黑白相间的。

zero

['ziərəu]

num. 零 (líng)

例句

Three times zero equals zero.
3 乘以 0 等于 0。

zipper

['zipə]

n. 拉链 (lā liàn)

例句

The zipper of his jacket is broken.
他夹克的拉链坏了。

zoo

[zu:]

n. 动物园 (dòng wù yuán)

例句

There are many animals in the zoo.
动物园里有很多动物。

形容词、副词的比较级和最高级的规则变化

构成法	原 形		比较级		最高级	
1. 单音节词末尾加 -er 和 -est	deep	深的	deeper	较深的	deepest	最深的
	great	伟大的	greater	较伟大的	greatest	最伟大的
2. 单音节词如以 -e 结尾，只加 -r 和 -st	brave	勇敢的	braver	较勇敢的	bravest	最勇敢的
	fine	好的	finer	较好的	finest	最好的
3. 单音节词如只有一个元音字母，末尾为一个辅音字母，须先双写这个辅音字母，再加 -er 和 -est	big	大的	bigger	较大的	biggest	最大的
	fat	肥的	fatter	较肥的	fattest	最肥的
	hot	热的	hotter	较热的	hottest	最热的
	thin	薄的	thinner	较薄的	thinnest	最薄的
4. 少数以 -y，-er，-ow，-ble 结尾的双音节词，末尾加 -er 和 -est（以 -y 结尾的词，如 -y 前是辅音字母，则变 y 为 i，再加 -er 和 -est；以 -e 结尾的词仍只加 -r 和 -st）	clever	聪明的	cleverer	较聪明的	cleverest	最聪明的
	narrow	狭窄的	narrower	较狭窄的	narrowest	最狭窄的
	early	早的	earlier	较早的	earliest	最早的
	happy	快乐的	happier	较快乐的	happiest	最快乐的
	simple	简单的	simpler	较简单的	simplest	最简单的
5. 大多数多音节的词在前面加 more/ less 和 most / least	careful	小心的	more careful	较小心的	most careful	最小心的
	difficult	难的	more difficult	较困难的	most difficult	最困难的
	expensive	昂贵的	less expensive	较不贵的	least expensive	最不贵的

形容词、副词的比较级和最高级的不规则变化

原形	比较级	最高级
good 好的 well 好的；好	better 较好的	best 最好的
bad 坏的 badly 坏	worse 较坏	worst 最坏
many 多的（可数） much 多（不可数）	more 较多	most 最多
little 少量（量，程度）	less 较少	least 最少
old 旧的；年老的	older 较旧的 elder 较老的	oldest 最旧的 eldest 最老的
far 远的；很大程度的	farther 较远的 further 较远；进一步	farthest 最远的 furthest 最远
late 迟的（表示时间）	later 较迟 latter 后者的	latest 最迟的 last 最后

注 1：有些双音节词在构成比较级和最高级形式时，既可以加 -er 和 -est，也可与 more/less 和 most/least 连用。如：clever, common, gentle, handsome, happy, narrow, pleasant, quiet, shallow, simple, stupid, tired。这些词在前面加上 -un 变为反义词时，也可以用两种方法构成比较级和最高级，如：unhappy 可以是 unhappier 或 more unhappy，unhappiest 或 most unhappy 等形式。

注 2：除上述双音节词外，其他双音节词的比较级和最高级形式都要与 more/less 和 most/least 连用。

注 3：具有两个以上音节的词，都要与 more/less 和 most/least 连用构成比较级和最高级。

注 4：与形容词同形的副词，其形式变化与形容词完全相同，但以 -ly 结尾的副词要用 more 和 most。另外，副词 badly 是一个特例，其比较级是 worse，最高级是 worst。

☆本书使用说明★

① 点击封面上的有声图标，进入本书阅读系统。

② 点击扉页上的音量调节键 调节音量。

③ 内文使用说明：

★将易读宝垂直点击页面文字或图画（点击后要将笔提起），易读宝就会发出相应的声音了。

★正文：点击正文，易读宝开始阅读当前页内容。

★插图：点击插图，开始进行中、英文情景对话。点击第一次，标准的普通话发音，点击第二次，标准的英语发音。